Anonymous

Briefe deutscher Bürger und Landleute

über das Betrager der Franzosen in Deutschland im Sommer und Spätjahr

1796

Anonymous

Briefe deutscher Bürger und Landleute
über das Betragen der Franzosen in Deutschland im Sommer und Spätjahr 1796

ISBN/EAN: 9783744698627

Hergestellt in Europa, USA, Kanada, Australien, Japan

Cover: Foto ©ninafisch / pixelio.de

Weitere Bücher finden Sie auf **www.hansebooks.com**

Dem edlen

Befreyer Deutschlands

seinem

tapfern Kriegern

und

dem biedern deutschen Landmanne

geweiht

von einem ihrer

Verehrer.

Jokel an Seppel.

Hab' Dich schon gar lang net g'sehen, Seppel, mögt doch wissen, wie Dir's geht? d'Franzose sind bei Kehl übern Rhein, und hausen, daß einem d'Haar gen Berg stehn, 'em Vetter Hannes in Ekerswihr han se alles g'nommen, net e mol han se ihm e Kuh im Stall g'lasse, und ihm sein Frau die uf'm Feld g'wesen ist, noch obendrein g'schänd't. 's ist ene Schand und e Sünd wie die Spitzbuben, mit ehrliche Leut umgehn, wenn sie's mir so g'macht hätten, i hätt gleich den ersten auf der Stell' tod g'schlagen. Sie han dem ehrlichen Hanns, wie se ihm allen Wein hen g'soffen hat, noch darzu fast z'Tod g'prügelt, wie der Wein all g'wesen ist. Der arme Hanns dauert mich recht, will ihm und seiner Frau Hosen, Schuh und Röck und Hemder schicken. Denn sie han ihn und seine Frau, fast ganz nacket ausgezogen, die Stiefel hat er net hergebe wolle, da hat der eine Hallunk, ihm gar wolle die Füß abhauen. Do sag' ich doch sind Kaiserliche ganz andere Leut g'wesen, die sind recht zufrieden g'wesen, wenn einer ihnen hat was z' Eßen geben, und hen sich noch obendrein recht schön bedankt, oft, wenn sie Geld g'hat hen, han se a noch bezahlt darzu. Und bei all dem sind doch in unserm Dorf viel Leut, die wünschen, daß die Franzosen kommen möchten, ich aber wollt', daß sie all' im Rhein wären, dort könnten se saufen, so viel se wollten, und könnten nit den Fisch Krieg führen. Dann hätten wir doch Ruh, wenns noch lang so währt, so müßen wir noch all verderben. GOtt wolle uns und euch vor solchem Geschmeis behüten und bwahren. Grüß mir deine Frau, ich verbleibe Dein treuer

Vetter Jokel.

Seppel an Jokel.

GOtt erbarme sich über uns, wir hen alles verlohren, unser ganzer Ort ist ganz ausgeplündert worden. Gestern Vormittag sind uf einmal drei bis vierhundert Franzosen ins Dorf kommen, da gings gleich in alle Häuser. Fünf

Fünf Kerl kommen von hinten rein in mein
Küch', fassen mich gleich bei der Gurgel, daß
ich g'laubt hab, sie bringen mich um, und
meiner Frau haben sie's net viel besser g'macht.
Do haben se uns g'plagt bis ufs Blut, bis se
alles g'habt hen. Wie se fort g'west sind,
geh' i naus in Hünerstall und will sehen,
ob noch was do ist, aber kein Feder han se
g'rück g'lassen, da hab i g'heult wie e Kind,
dreizehn Hüner, e Gokler, und fünf Enden
sind fort. Was wird jezt mein Frau uf de
Markt tragen? Alltag hat mein Frau e Nest
voll Eier holen können, und die Eier sind jezt
so theuer, daß eins bald e Groschen gilt.

Wie's e Weile ruhig g'west ist, so kommt
e Hauffen andere „Gib larschand Puker, heut
se g'schrien. Da hab' ich halt g'weint und
und hab g'sagt, der Cammerad hot alles gnom=
men, da ist mein Frau in ihre Küche g'loffen
und hot sich hintern Herd g'sezt, do sind 'r
gleich drei hintennoch gloffen, und hen in der
Küch anfangen, den Boden aufzuhacken, da
hab' i denn vorgestern meine zwei Küh ver=
kauft, wo i e schön's Stückle Geld darvor kriegt
hab, und hab mein anders ah darzu thun, so
daß 's dreihundert Kaiserthaler g'wesen sind,
und die hab ich denn hinter den Herd ver=

A 4   graben,

graben und do hat sich mein Frau druf g'sezt, die dumme Gans, das hot der eine Spitzbub gmerkt, daß es net so ganz richtig seyn muß, do han se, se denn vorgeschleppt und hen graben, wo se g'sessen ist, und han 's Geld alles g'funden, so hot se mirs erzählt. Unter der Zeit han se mir die leibliche Ruh net g'lassen; bis ich den andern hab mein silberne Uhr geben, die mich dreißig Gulden kost' hat, und noch alle meine andere Hemder und Sachen darzu, die mir von der ersten Plünderung übrig geblieben g'wesen sind.

Lieber Vetter, leb wohl, ich wünsch, daß Dirs besser hätt' gehn mögen als uns, die Franzosen werden euch wol auch heimgesucht haben?

Dein Vetter
Seppel.

Jokel an Seppel.

Du dauerst mich recht, daß die Franzosen Dich so hart mitgenommen han, wenns wieder

der ruhiger ist, daß mer sicher hin und hergehn kann, so will ich Dir gern mit dem Nöthigen aushelfen. Weil Du mir Deine Jammerg'schicht so deutlich g'schrieben hast, so will ich Dir auch sagen, wie's bei uns hergangen ist. Wie die Kaiserliche fort g'wesen sind, sind gleich vier Schässer ins Dorf kommen, denen haben wir hundert Luidor geben müßen, drauf sind se wieder naus, zu ihren Leut g'ritten und haben ihnen g'sagt, daß die Kaiserliche fort sind. Der Schulz, der französisch sprechen kann, hat gleich Anstalt g'macht, daß Wein und Brod und e Kalb ins Französisch Lager kommen ist. Denn 's Freßen und 's Sauffen ist immer das erste beim Franzos, mag mir einer sagen was er will, d'Franzosen eßen wenig; ich hab's g'sehn, daß ein Franzos mehr frißt als drei Kaiserliche, wenn schon die Franzosen nur dürre Häring sind, und die Kaiserliche dicke starke und große Leute. Wie's denn draußen g'west ist, so ist gleich e Offizierer mit zwanzig Mann ins Dorf kommen, aber ach Herr jerum, was sind das vor elende Kerl g'wesen, da drückt ja ein Kaiserlicher sechs mit der Hand tod, der ein hat e Hut ufm Kopf g'hat, der ander e Kapp und der dritt 'e Ding 's hot ausg'sehn wie e Stollhasen, und was ärgste g'west ist, g' hot keinen

A 5   e Strumpf

e Strumpf oder e Schuh ang'hat, sondern sind alle baarfuß gangen, da bin i denn a 'ufs Rathaus und hab d'Schulz g'fragt, worum denn kein Offizier darbei wär, da hot er denn uf ein g'zait und g'sagt, der sei der Offizier, der hat aber ausg'sehn, eben so lumpigt wie die andere, da hab' ich gedenkt die Kaiserliche sind andere Leut!

Wer g'wollt hat, der hat e Salvequart haben können, da hab' i denn a zwey mit heim g'nommen, denen hab i z'Essen und z'Trinken gnug geben, und jedem noch e Französischen Thaler darzu, davor sind's doch zwey brave Kerl, da hab ich se net ansehn mögen, daß se so baarfuß rum laufen sollen, da hab ich den beeden Schuh und Strümpf geben, da hen se sich recht schön dafür bedankt und haben kein Menschen ebbes aus mein Haus nehmen lassen.

Gestern ist die ganz Armee durch, wo der General Moro darbei g'wesen ist, da hab ich denn g'sehn, daß die Franzosen arme Teufel sind, alle Offizier sind z'Fuß gangen und han ihr Bündele uf'm Buckel selber getragen; die Reuter sind als hin und hergewackelt auf ihren Pferden, als wenn se noch nie auf'm Pferd g'sessen wären, da hab ich denkt, weh' euch! wenn

wenn die kaiserliche Kürakreuter oder die ungarische Husaren über euch kommen sollten, die würden euch garstig aufzählen, wie denn alles vorbei g'west ist, so ist denn d'Pagasch zu Fuß kommen. Seppel, das sollt'st g'sehn haben e ganzer Trupp ohne G'wehr, Kerl, die ausg'sehn haben, wie die Spitzbuben; von weitem aber hat mer g'meint seys Juden Bacherle sein Musterblättle, denn einer hat e grüns Wamms, der ein e roten Rock, kurz alle Farben hen se ufm Leib g'hat. Da hab' i gedenkt, das ist e rechte Pagasch, denn sonst han se keine Wägen bei sich g'habt. Jezt ist alles fort, bis auf acht Mann, die als Salveguarden hier bleiben.

Bei all dem, daß ich durch d'Franzosen wenig verlohren hab', so sind doch net alle Leut so gut darvon kommen; viel Häuser sind doch g'plündert worden, besonders ist 's Kunzen Hannes von seinen Salveguarden alles g'nommen worden; das ist ene schöne Zucht, wenn die Gemeine ihren Obern net g'horchen, und wann die die einen beschützen sollen, selbst einem alles stehlen. Fast hät ich vergessen, das Unglück von's Schulzen Sohn zu sagen. Wie dann die Franzosen kommen sind, so hen e paar Weibsleut uf der kleinen Wiesen noch Heu

heim

heim thun wollen, da kommen denn drei besoffene Kerl und packen 'die eine, zuerst hen se ihr alles g'nommen, und dann hen se se wollen nothzüchtigen, da hot se g'schrien, daß mans im Dorf g'hört hat, drauf sind vier Bürger n'aus und hen d'Franzosen vertrieben. Drauf geht 's Schulzen Sohn übern Hof, da kommt denn einer von dene drei und schießt ihn übern Haufen. Das ist ene himmelschreiende Sünd, der Mann ist e kreuzbrave Haut g'wesen und hat Weib und Kind, d'Franzosen können unmöglich Glück haben, weil se so grausam und gottlos mit den Leuten umgehn. Wenn ichs g'sehen hätt, ich hätt den Kerl aufn Pelz g'schoßen. Noch e ärgerer Streich ist aber passirt mit 's Peters Gretle; ihr Mann ist mit den Kaiserlichen auf der Frohn fort, da kommt denn auch e ganzer Schwarm in ihr Haus, und zu allem Unglück ist se ganz allein in der Stub, mir nix dir nix geht einer um den andern über se her, während die andere das Haus ausplündern. G'schrien hat se wol wie e Mordbrenner, aber kein Mensch hat sich g'traut ins Haus z'gehn. Wie sie denn alle fertig gewesen sind, sind se durch den Garten wieder fort. Gestern hat se noch net laufen können, jezt aber soll sich's wieder mit ihr bessern. Wenn der Peter heim kommt, was wird

wird der wol sagen, daß ihm d'Franzosen so ins Handwerk g'pfuscht hen. Ich wünsch jezt nur, daß mein Bruder der auch auf der Frohn mit den Kaiserlichen fort ist, bald heim kommen möcht. Leb wol, ich bleibe Dein treuer Vetter

Jokel.

Der Pfarrer von J.....lingen an seinen Herrn Schwager in Carlsruh!

Bester Herr Schwager!

Sie werden eben so sehr auf unser Schicksal begierig seyn, wie wir auf das Ihrige, ich ergreife daher die so eben nach Carlsruhe gehende Gelegenheit mit beeden Händen, Sie etwas von uns wissen zu lassen.

Leider kann ich Ihnen keine tröstliche Nachricht von dem Betragen der Franzosen in unserer Gegend schreiben: wo ich hinblicke, find ich Spuren französischer Grausamkeit vor. Wenn ich Ihnen allen Unfug, der sich bei uns zugetragen hat, beschreiben wollte, ich würde

bis

bis Morgen nicht fertig werden; ich sage Ihnen also nur kurz, was sich in meinem Hause zugetragen hat.

Sie kennen die Lage von unserm Orte, welcher zweyen gegen einander streitenden Parthien, auf den entgegen gesetzten Bergen eine vortheilhafte Stellung gewährt. Im Anfang der vorigen Woche war das Treffen bey der Murg, bei welchem die Kaiserlichen über die Franzosen Meister wurden; das Gebirg hingegen wurde von den Franzosen tournirt, weil sie dort viel stärker als die Kaiserliche waren.

Durch diesen Unfall kommt den Freitag früh eine Parthie Volontairs von einigen Chassers begleitet, in unsern Ort. Da giengs denn gleich von Haus zu Haus, alles wurde geplündert; besonders traf mich das Loos mit unter am härtesten. Zwanzig bis dreißig besoffener Hallunken drangen wie wüthend auf einmal ins Pfarrhaus. L'argent poucre! schrieen alle, wie besessen, zugleich. Meine Frau und Kind habe zum grösten Glücke zu ihrem Vater nach D.... geschickt, sonst glaube ich, in diesem entscheidenden Augenblicke würden sie vor Schrecken des Todes gewesen seyn. Ich gab ihnen was ich hatte, aber sie
waren

waren damit nicht zufrieden, ich mußt ihnen die Schlüssel zum Keller und allen Kästen geben, wenn ich nicht haben wollte, daß sie alles mit Gewalt aufhauen sollten, und mich nicht noch persönlichen Beleidigungen aussetzen wollte. Meine drei Fuder alten Weins waren in weniger als zwei Stunden und mein Keller leer. In Gießkannen und Zuber schleppten sie ihn fort. Nachher habe ich erfahren, daß man von meinem Wein, von dem die Maaß wenigstens achtzehn Batzen kosten würde, den Zuber voll vor einen halben Laubthaler verkauft. Während einer zweistündigen Todesangst wurde ich noch obendrein beinahe ganz nakt ausgezogen; sogar die Schuh mußte ich von den Füßen geben! Einem Unterossizier, der ein wenig gebrochen deutsch sprach, habe ich vieles, ja sogar mein Leben zu verdanken. Ich war denn schon bis aufs Hemde und Beinkleider ausgezogen, da kam denn einer von denen, die sich in meinem Weine besoffen hatten, es war ein Elsäßer. Gib Geld! fuhr er mich in seiner verdorbenen Sprache an, oder ich hau' dir einen Flügel vom Leib. Ich habe ja nichts mehr, sagte ich, deine Cameraden haben mir ja schon alles genommen. Fudre! fieng er drauf an und zog den Säbel: ich rief um Hülfe, und zu allem Glück kam denn

der

der Unterofizier und fiel ihm ins Seitengewehr. Der Elsäßer gab nicht nach, ringend kamen sie bis an die steinerne Treppe; der Elsäßer gleitete aus, und stürzte sich den Rückrad entzwey. Kaum war dis geschehen, so kamen Ungarische Husaren und reinigten das Dorf von den unsaubern Gästen. Mein Erretter bat mich, ihn zu verstecken, welche Bitte ich ihm auch gewährte. Denn ich hielts für Pflicht, dem, der mich gerettet hatte, gleiches mit gleichen zu vergelten. Es dauerte unsere Befreyung aber nicht lange, denn in wenigen Stunden zogen sich die Kaiserlichen gänzlich zurück, und die Franzosen rückten allgemein vor. Meinem Unteroffizier habe ich zu verdanken, daß ich keinen fernern Beleidigungen ausgesetzt war. Er ist bis auf diese Stunde bei mir als Salveguarde. Geschehene Dinge kann man nicht ungeschehen machen, daher habe ich mich nun in meine Lage zu schicken gelernt. Wenn ich mich ansehe, muß ich unwillkührlich über mich selbst lachen. Sie sollten mich sezt sehen, ich wette drauf, Sie würden mich nicht kennen; ein Strohhut, den meine Magd altershalber abgelegt hat, dient mir statt des Kopfpuzes, ein zerrissenes Wamms und Rock von unserm Nachtwächter, das die Franzosen nicht der Mühe werth achteten,

teten, mitzunehmen, bedeckt meinen Leib, und ein Paar Schuh, bei welchen mir die Zehen vorne 'naus kucken, von dem Franzosen, der mir meine Stiefel auszog, dienen mir statt derselben.

Ich darf mich vor keinem Bekannten sehen lassen, ohne mich dem Gelächter preis zu geben; daher bitte ich Sie, bester Herr Schwager, mich mit einem Habitte, nebst einem Hut und Schuh oder Stiefeln, so bald als möglich zu versehen, wenn es anders wahr ist, daß Carlsruhe besonders verschont worden sey, welches ich von Herzen wünsche. Zugleich werden Sie mich hoffentlich, wenns Ihre Zeit erlaubt, von dem Einrücken der Franzosen in Ihre Stadt benachrichtigen. Ich empfehle mich Ihren Lieben und bin

Ihr

aufrichtiger Schwager.

Seppel

Seppel an Jokel:

Dein Brief hab' ich richtig erhalten, 's hat mich recht g'freut, daß Dirs besser als uns gangen ist. Gestern ist e Transport blessirte Franzosen hier durch kommen, von fufzehn bis achtzehn Wägen, die Kerl hen ausg'sehn wie wenn der Metzger Hannes seine zwei große Hund an e Trieb Kälber g'hetzt hat, so blutig sind se g'west. Gleich uf'm ersten Wagen ist der Spitzbub g'sessen, der mirs Geld g'nommen hat. Am Rathhaus hen se ihn abgladen, und wie ich ihn näher betracht hab, hat er nur noch ein Fuß g'hat, da hab ich g'denkt, der nimmt keim 's Geld mehr, und setzt a keim mehr 's Pajonet uf d'Brust. Denn hab ich gedenkt, wenn nur alle so bezahlt wären, denn hätten wir doch e mal Ruh! Heute morgen ist des Pfarrer von Jöchingen sein Jörgle bei mir g'west, der hat mer Wunder erzählt wie's d'Bauren bei ihm g'macht hen, sie sind denn alle uf d'Franzosen g'faßt gwesen, wenn se kommen würden, do hen se eim von denen Räuber den Arm abg'schlagen. Zu allem Glück für sie sind aber d'Franzosen dort net stark g'wesen, und do hen se ihnen halt a großen Schrecken eingejagt, daß se drüber 's Plündern

dern vergessen hatt. Wenn ich an die Wirthschaft der Franzosen bei uns denk, so möcht
ich mer alle Haar aus 'm Kopf raufen, daß
wir's net a so g'macht hen. Unsere Salve-
quarden sind fort bis uf ein, der in's Schulzen Haus ist, und, wie d'Leut sagen, gar e
guter Mann seyn soll. Vor e paar Tag hat 's
Hechten Hanns und 's Bischoffs Bub ein Franzosen im Wald tod g'schlagen, der g'schlafen
hat, bei dem han se dreihundert baare Duka-
ten g'funden. Wenn ich im Holz bin und
mer einer verkommt, so mach i ihn g'wis kalt,
da kann mer doch e bisle zu seim Regreß kommen, 's käm n a net druf an, wenn i dran
bin i schlüg zwei tod. Doch will i meyn i
noch warten, bis se sich noch e bisle mehr verloffen hen. Behüt dich Gott, lieber Vetter,
ich bleib immer Dein treuer

Seppel.

An
den Herrn Pfarrer in J....lingen.

Ihr unglückliches Schicksal geht mir und den Meinigen sehr nahe. Vor drei Tagen hatte ich etwas Geld und die benöthigten Kleider, einem Taglöhner von hier an Sie zu überbringen gegeben, er kam aber nicht weit damit. Unterwegs packen ihn einige herumziehende französische Räuber an, und nehmen ihm das Paquet ab; nicht zufrieden damit, zogen sie dem armen Manne Rock und Schuh aus: in diesen Umständen kam er weinend zu mir zurück. Ich ersetzte ihm seinen Schaden, und hoffe, er wird diesmal glücklicher mit seiner Sendung seyn. In unserer Stadt ging der Wechsel der französischen Truppen mit den deutschen im Ganzen gut vorüber, einzelne Gewaltthätigkeiten von französischer Seite ausgenommen, welche hauptsächlich die Kaufleute und einige Wirthe betraf. Jedoch haben wir die Schonung unserer Stadt den Kaiserlichen zu verdanken, die sich beim französischen General besonders für uns verwendet hatten. Doch will ich Ihnen das Ganze umständlich erzählen: Die Kaiserlichen stellten an jeder Nebenstraße zwei Mann Dragoner, wie ein

Theil der Armee durch unsere Stadt zog. Zu diesem wurden die Freiparthien durch Cavallerie eskortirt. Zulezt hatten noch einige Mann Cavallerie die Thore besetzt, als die französischen Vorposten sich auf der Mühlburger Chaussee sehen ließen; um die räuberischen Freihorden noch ein wenig im Respect zu erhalten, ging daher eine Cavallerie-Patroulle vor das Mühlburger Thor hinaus, und trieb sie wieder zurück; um fünf Uhr kam die Kaiserliche Patroulle wieder zurück ohne einen Mann verlohren zu haben. Ihr Offizier hielt am Rathhaus eine Rede an die Einwohner, worin er ihnen sich ganz ruhig zu verhalten empfahl: „sie sollen außer aller Angst seyn, sagte er, wir haben mit den französischen Generalen Abrede getroffen, daß diese Stadt besonders verschont werden solle, drauf gab er seinem Pferd den Sporn und ging mit vielen Seegenswünschen der redlichen hiesigen Einwohner, begleitet zu seinen Leuten ab.

Vorher war alles in großer Angst, der Dinge die da kommen würden, gewesen, nun war auf jedem Gesichte wieder ein Strahl von Hoffnung zu bemerken. Daß wir etwas Gutes von den Franzosen zu erwarten haben sollen; wußten wir nur zu gut, daß das nicht war,

war, denn allen eingelaufenen Nachrichten vom Lande zu folge hatten wir eine Plünderung zu befürchten.

Aber der gute Mann hatte unsern sinkenden Muth wieder aufgerichtet, wenn schon einige Klügler der Versicherung des Offiziers nicht festen Glauben beimessen wollten. Er hatte kaum eine Stunde unsere Stadt verlassen, so sahen wir das untere Thor von den Franzosen besetzt, welche Ordre hatten, keinen Menschen herein zu lassen.

Von hier gieng eine Deputation den Franzosen entgegen, um noch besonders wegen Schonung der Stadt zu bitten, welche Bitte auch bewilligt wurde. Der französische General äußerte aber den Wunsch, daß das Pferd, auf welchem der Erste Deputirte unserer Stadt ritte, sehr schön seye, und daß es auch ihm gefalle. Der Franzose ließ sich aber doch mit einem andern begnügen, da er hörte, daß das Pferd nicht dem Herrn Deputirten, sondern Seiner Durchlaucht, dem Prinzen Louis von Baden, der preußischer General wäre, gehörte.

Einige französische Commißairs, welche Blutigel überall den französischen Armeen folgen,

gen, haben einen Theil ihres lumpichten Geldes hier mit Gewalt gegen Waaren umgesetzt, daher, wie ich Ihnen schon oben sagte, mehrere Kaufleute in Schaden kamen; hauptsächlich hat Hr. Hoffactor Levi sehr viel dadurch gelitten. Sie waren dabei so unverschämt, daß man, auf ihre verfallene Assignaten und bankruttirte Mandaten, noch baares Geld hinaus geben mußte.

In Durlach hingegen haben sie sich noch viel schlechter betragen, viele Häuser in der Vorstadt wurden rein ausgeplündert; den grösten Schaden haben sie aber in dem fürstlichen Keller gethan, der Wein wurde von den Franzosen viehisch gesoffen, so daß aus der Amtskellerei wol mehr als hundert Fuder geschleppt wurden; den Fischerischen Keller haben die französischen Commissaire aber ganz geleert und verkauft. Es fanden sich auch ehrliche Leute genug, den herrschaftlichen Wein den Franzosen abzukaufen.

Heute Morgen wurde ein Transport Wirtembergischer Pferde und Geldwägen hier durch nach Strasburg abgeführt. Es soll der erste Zahlungs=Termin der Wirtembergischen Contribution seyn, für welche Wirtemberg einen Waffen=

Waffenstillstand erkauft hat; auch sagt man, soll zwischen uns und den Franzosen ein Waffenstillstand zu Stande kommen. In einigen Tagen sollen auch Ochsen und noch mehr Pferde aus dem Würtembergischen hier durch gehn.

Auf diese Weise muß der ohnmächtige deutsche Landmann und Bürger seine Cultur auf französischen Boden verpflanzen lassen. — — Mit dem gröſten Widerwillen sahe ich auf die hier herumlaufende französische Volontairs herab, ehe ich die fränkische Armee sah, hatte ich einen ganz andern Begriff von dem Frankenvolke, jezt aber sieht jeder deutlich, daß die fränkische Horde eine gut angeführte Räuberbande ist, die nicht für wahre Freiheit, sondern aus Trieb zu stehlen fechtet.

Täglich erwarte ich Nachricht von meinem Bruder aus Pforzheim, da aber jezt keine Post geht, so dürfte es wol noch lange währen, bis ich etwas von ihm erfahre. Die Dörfer unserer Gegend sind durchgängig geplündert worden.

Wenn man Privat-Nachrichten trauen darf, so ist Jourdan von Düsseldorf herauf bis Frankfurt vorgerückt und beschießt die Stadt.

Ihre

Ihre Frau Liebste habe ich in Durlach gesprochen, sie befindet sich mit ihren lieben Kleinen recht wohl. Die gerettete Effecten sind auch gut aufgehoben. Ein andermal ein mehreres. Wie immer bin ich

Ihr

treuer Schwager.

An

den Herrn Pfarrer in J....lingen.

Gestern Abend ist mein Bruder aus Pforzheim selbst eingetroffen. Er konnte das schlechte Verfahren der Franzosen lange nicht so graß mahlen, als er's dort gesehen hat. Donnerstag Nachmittag brach das Hauptquartier des Erzherzog Carl, wie auch das sächsische auf, und alle Läger mußten marschfertig seyn. Freitag Morgens, wie die Leute aufstunden, hatten die Kaiserlichen und die mit ihnen verbundete Völker ihre Stellung oberhalb der Stadt, wo sie drei Tage auf den Berganhöhen gelagert standen, verlassen; es war aber noch kein

Franzose zu sehen. Gegen neun Uhr Morgens kam ein Offizier, ein Trompeter und ein Dragoner von einem kaiserlichen Offizier, einem Trompeter und einem Kinsky Chevaurlegers begleitet in der Post an, sie sprachen mit den Vorgesetzten der Stadt, und bald darauf ritten sie weiter ins kaiserliche Lager. Die Bürger vergaßen ihrer Angst, indem von dem französischen Offizier versichert wurde, daß keinem etwas sollte gewaltthätig entwendet werden. Der Offizier theilte eine Proklamation an die Baadische Landes-Einwohner aus, worin jeder Orts-Vorgesetzte aufgerufen wurde, auf seinem Posten zu bleiben, die sämtliche Einwohner der Baadischen Lande wurden ihres Vermögens versichert, damit niemand auswandern möchte. Da dachten denn die Pforzheimer, sie seyen aller Gefahr überhoben, aber das alles, war die gewöhnliche Finesse, der Franzosen, die Landes-Einwohner sicher zu stellen, um sie desto sicherer auszuplündern zu können. *) Wehe denen Ober- und Unter-Beamten,

---

*) Hier füge ich die wörtliche zu Basel herausgekommene Proklamation, die in deutscher und französischer Sprache zu Basel gedruckt, und in den

amten, welche hätten die Versicherung von sich geben wollen, daß ihre Mitbürger von den Franzosen nichts zu fürchten hätten. Sie hätten

---

den Baadischen Landen ausgetheilt wurde, bei; jeder wird daraus sehen, was die Franzosen versprechen, und — was sie gehalten haben.

Anmerk. des Herausg. der Briefe.

Anzeige.

Die Ober- und Unterbeamte und andere Vorgesetzte des Markgrafen von Baaden, sind hiemit eingeladen, sich nicht von ihren Wohnorten zu entfernen, in dem Augenblick, wo der Kriegsschauplatz auf das rechte Ufer des Oberrheins versetzt worden ist. Ihre Gegenwart und ihre Mitwürkung werden sehr nothwendig seyn, um die gute Ordnung und die Ruhe in den Obern und Untern markgräflichen Landen erhalten. Sie können den friedlichen Einwohnern die Versicherung geben, daß die strengste Mannszucht beobachtet werden, und ihr Eigenthum, so wie der Gottesdienst und die Gesetze ihrer Landesverfassung unverletzt bleiben sollen.

Bâle, le 16 Meſſidor, an 4 de la Republique Françaiſe, une & indiviſible. (4. Juillet 1796.)

(L.S.) Le Commiſſaire du Gouvernement chargé de l'échange de priſonniers de guerre.

ten entweder viele Millionen Ersatz leisten müssen, oder eben so große Schurken wie die Franzosen seyn müssen, die viel versprechen und nichts halten. —

Doch, ich will weiter das nacherzählen, was mein Bruder selbst gesehen hat. Etwa eine Stunde hernach, als die ersten drei Franzosen gekommen waren, rückten etwa hundert fünfzig Mann Grenadier in die Stadt ein, auf dem Markt machten sie halt, und nun gings auseinander in die Straßen und Gassen, in die Kaufläden und Wirthshäuser, wer nicht hergab was sie haben wollten, dem wurde es mit Gewalt genommen; in den Vorstädten aber wurde allgemein geplündert. Die ausgeplünderten Leute liefen in den Straßen herum, und schrien um Hülfe, aber da war keine Wache und kein Vertheidiger für die gerechte Sache zu finden; die Gemeine gaben weder auf den Befehl ihres Offiziers. Ihren General, der erst später in die Stadt kam, fuhren Gemeine ganz hönisch an, und sagten ihm in's Gesicht, daß er ihnen da nichts zu befehlen hätte. In einem Wirthshause am Markt waren gegen fünfzehn Grenadier, die den Wirth prügelten, weil er keinen bessern Wein hergeben wollte, als den, den er im Keller hatte.

Die

Die Frau lief auf's Rathhaus, wo der Commandant war, der endlich nach vielem Bitten mit ihr ging: noch schlugen die Rasenden auf den armen Wirth zu, da der Commandant schon in der Stube war; der Lärmen zog noch mehrere Grenadier herbei, die zu gleicher Zeit von aussen, mit dem Pajonet die Fenster einschlugen, und den Commandanten zu erschiessen Mine machten, wenn er sich nicht augenblicklich aus dem Weg machen würde. Wenn in Frankreich der Unterthan, eben so wenig auf ihren Vorgesetzten gibt, wie es sehr wahrscheinlich ist, so glaube ich in meinem Leben nicht, daß die Franzosen in ihrem Land je eine ordnungsmäßige Verfassung bekommen werden. Es ist aber auch ganz natürlich, daß nie eine Befolgung ihrer Gesetze statt finden kann, denn derjenige gemeine Mann, sey er nun Schuhster oder Schneider, oder was er wolle, der vielleicht vor einem Jahre noch neben dem, jezt noch Gemeinen, die Pike trug und schlechte Streiche, jeder Gattung machte, dem andern ein Jahr später — wenn er im bürgerlichen Leben, ein paar rechtschaffene Männer, die vermöglich waren, aus dem Lande treiben half, oder gar unter die Guilotine brachte, damit seine Haabe um so bequemer zu theilen war, Gesetze, wobei er seinen Beutel am besten

sten zu spicken denkt, vorschreibt; wie ist es möglich, daß sie — ohne das Pajonet — können befolgt werden? Oder auch beim Militairstande; derjenige, der noch vor wenigen Monathen gemeinschaftlich mit seinen Cameraden einen wehrlosen Bauren ausplündern half, einige Monathe später, seine ehemalige Cameraden, die, die nehmliche Arbeit verrichten, bei welcher er ihnen sonst hülfreiche Hand leistete, nun zur Ordnung weisen will — da glaube ich schwerlich, daß er je bei solchen Leuten etwas ausrichten kann. Es bestätigt sich die Behauptung, „daß die Stände stufenweise, von einander unterschieden seyn müssen, wenn Ruhe und Ordnung statt finden soll — —

General Scherp, der bis dato bei Durlach im Lager stand, ist gegen Bruchsal vorgerückt.

Mit Frankfurt ist es würklich wahr, daß General Jourdan es beschiessen ließ; die Judengasse ist beinahe abgebrannt. Auch sagen Privat-Nachrichten, daß jene Armee noch viel übler haußt, als die in unserer Gegend; wenn ich etwas ausführliches davon erfahre, so will ichs Ihnen auch wissen lassen.

Das Gerücht, daß wir mit Frankreich einen Waffenstillstand schließen wollten, hat sich jezt bestätigt, es muß nur noch vom General Moreau, der jezt sein Hauptquartier in Stuttgard hat, unterzeichnet werden. Die Hauptpuncte sind die: Baaden zahlt an die französische Republik zwey Millionen Livre baar Geld, mehrere hundert Ochsen und Pferde, und eine ungeheure Summe Getraide mancherlei Gattung. Das gute Land, das so lange verschont geblieben war, muß am Ende des Kriegs noch so hart mitgenommen werden!!!

Die hier liegende Franzosen (ohngefehr 100 Mann) sind in die Orangerie gelegt worden, müssen aber von den hiesigen Einwohnern mit Essen und Wein versehen werden. Der Handwerker klagt sehr über Nahrungsmangel, und muß, wenn er die ganze Woche Wasser trinkt, den Franzosen Wein geben. —

Unterdessen leben Sie wohl, ich bleibe ewig

Ihr

aufrichtiger Schwager.

Martin

Martin an Jokel.

Gelt Bruder! haſt ſchon lang nichts mehr g'hört, wie e leb', ſelter die Franzoſen bey uns ſind. Seit der Zeit hen mer viel erlebt, daß mer noch net g'ſehen hen. Wie's d'Franzoſen in unſerer Gegend g'macht hen, wirſt Du ſchon lang wiſſen, deßwegen will ich Dir nur ſchreiben, was Neu's bey uns g'ſchehen iſt. Denk nur dran; faſt alle Tag kommen die Michelwitzer, und die Ungariſche Huſaren zu uns aus Philippsburg, die erzehlen uns denn oft G'ſchichten, daß mer ſich mögt krank lachen. Die ſagen denn Wunder von den Brußler Bauern, was das vor herzhafte Kerls ſind, die hen denn g'ſchworen, ſie wollen den Franzoſen nichts geben, lieber wollten ſie ſich zuerſt tod ſchleſſen laſſen, aber daß Du net meinſt, daß nur ihr Maul Herz hat, nein, ſie ſind Teufelskerl, wenn ein Franzoſ kommt ſchieſſen ſie ihn übern Haufen, mir nichts, dir nichts, wenn er ſie tortiren will. Vor'n Tager acht, ſind denn die Kaiſerlichen und Franzoſen hintereinander g'weſt, da hen denn d'Franzoſen den Reißaus g'nommen, da kam denn einer ins Dorf zum ſchwarzen Bebele und ſagt, ſie mögt ihm doch was zu Eſſen geben, vorher hett d'Frand'Franzosen dem armen Bebele dreihundert Gulden g'nommen g'hat, woran sie schon so lange Zeit gekrazt und geschartt g'habt hat; da sagt sie zu ihm: er soll nur ruf kommen; der Franzos geht denn d'Steg mit ihr nuf, wie er aber fast ganz oben war, gibt sie ihm en Stoß, daß er z'understz'oberst nunterfallt, und s'Knick bricht; s'Bebele geht nunter, und sieht, ob er nichts bei sich hat. Stell dir nur emal vor, da findt sie hundert goldene Carlin bei ihm. Was dir die e Freud g'hat hat, daß sie en Franzosen umbracht hat, und obendrein statt ihrer dreihundert Gulden, elfhundert hat, das kann i dir gar net b'schreiben. Daß d'Franzosen so viel Geld haben, ist ihr größt's Unglück; aber versteh' mich wohl: s'ist net ihr eigen, sondern lauter g'stohlen Geld; denn die Lumpenhund sind ja zu uns kommen, ärger als d'Bettelbuben: und da stehlen sie sich halt z'sammen, wo sie was kriegen können; und so kommt's, daß der, wo viel hat, g'wiß ein Spizbub ist.

D'Kaiserliche sagen, daß d'Franzosen noch garstig werden heimg'schickt werden; sie sagen, der Herzog Carl lock' sie nur, bis er Verstärkung g'nug hat, dann würd er ihnen erst recht auf'n Leib gehn; und i mehn a, sie hätten recht; denn i glaub in mei'm Leben net, daß d'Kaiserliche so werden heim gehn. Ja d'Brußler Bauern sollen Conterbution zahlen, und wenn sie se net zahlen, so hat der

fran-

französisch General in Brusel g'sagt, er würde ihnen Erkution schicken: und deßwegen wollen d'Bauern, wenn er ihnen kein Ruh' laßt, gegen d'Franzosen uffsteh'n; was meynst du Jockel, wenn wir's a so machen thäten? Unter de Brusler giebt's Leut, die vom Franzosentodtschlagen reich worden sind. Aber noch en ganz andrer G'spaß ist bei Obstatt arrivirt: du weist ja, daß d'Franzosen Teufelskerl sind, listig wie der Fuchs im Hünerstall, und unternehmend wie der Hirsch uf'm Rübfeld, b'sonders aber sind sie Liebhaber von den Weibsleut, da können sie schmeichlen wie d'Katzen; da hat denn s'Menzers Peter e gar schön Weib, und in die ist so e französisch Offizierle verliebt g'wesen. Der Peter muß kurz druf in d'Frohn, wo mer net hat wissen können, ob er lang oder kurz ausbleibt; der Franzos ist so pfiffig, und laßt sich umquatiren, so daß er in's Peters Haus kommt; da ist er denn gar zu höflich g'weßt, hat s'Fleisch und s'Brod selber zum kochen bracht, und so viel, daß d'Leut im Haus noch hen mitessen müssen; da hat denn s'Peters Frau e große Freud g'hat, daß sie so en braven Mann ins Quatier kriegt hat; da hat er ihr denn so viel schön's Zeug vorg'schwäzt, das er selber net glaubt hat, und hat sie so kirrig z'machen g'wußt, daß, wie der Peter vierzehn Tage drauf bei der Nacht heimkommt, er den Franzosen bei seiner Frau im Bett findt; denn, als er vors Bett kommen ist, um seiner Frau en Schmuz zu

geben,

geben, sieht er den Kerl an seim Plaz liegen, da nimmt er ihn denn bei'm Schopf, und karwatscht ihn in der Stub rum, daß er nach Gott g'schrien hat; da ist er als uf d'Knie niederg'fallen, und hat bitt: er möcht ihn doch gehn lassen; aber das hat nichts g'holfen: je mehr er bitt hat, desto mehr hat er druf zug'schlagen; wie er denn gnug durchgerbt war, so hat er ihn denn faselnacket zum Haus nausg'worfen, und seine Kleider derzu; wie's ihm weiter gangen ist, hat mer net erfahren, denn mer hat nichts mehr von ihm g'sehn. Wie d'Frau g'sehn hat, daß ihrem Schätzel so schlimm geht, ist sie fast vor Angst im Bett g'storben; endlich hat sie sich bei ihrem Mann dadurch weiß machen wollen, der Franzos hätt ihr was eingeben, und da hätt sie ihm net mehr widerstehn können. Das glaub' i aber net; sie ist halt e Schlapp; s'g'schieht ihm aber recht, warum hat er e Frau aus der Stadt haben müssen; das hab' i mein Lebtag g'hört, daß die Mädlen aus der Stadt net ufs Dorf taugen; eben so wenig, als die Dorfmädel in die Stadt. I gäb keins von meinen Kindern in die Stadt; denn erst kurz ist in unsrer Gegend der Fall g'schehn, daß einer aus der Stadt e Dorfmädel g'heurath hat, und s'ist gar e braf Weibsbild g'west; da hat sie ihm denn kaum en Jahr g'hat, da ist sie krank worden, und ist an einer meshanten Krankheit g'storben, die ihr ihr Mann ang'hängt hat; wenn sie en Dorfbuben g'heurath hätt, ich wollt mein Leben drauf wetten, se thät noch leben, und hätt ein paar g'sund und starke Kinder. — Vor e paar Tag bin i in der Stadt g'weßt, wo die Franzosen wie daheim sind; ufm Markt springen sie wie die Gassenbuben rum, und schlagen einander; da hab' i denkt, das sind mer rechte Soldaten, und e schöne Subordazion; und wie's Nacht worden ist, sind se vor ihren Kasernen rum g'sprungen, wie die Böck, und hen e Trommel und e Geig' g'hat; da hab' i wieder denkt, das ist e schöne Musik: da hen die Kaiserliche doch en andre; schon vorher sind zwei mit einer Trommel in der Stadt rum g'loffen, das hat aber thun, wie wenn mer uf en verbrochenen Kübel hämmert; i glaub s'hat sollen der Zapfenstreich seyn, denn d'Leut sind ihnen nachg'loffen, und hen g'sagt: das ist e schöner Zapfenstreich!

D'Stadt-Leut klagen gar über Mangel an Nahrung, denn d'Franzosen lassen für kein Kreutzer werth machen, und die vornehme Leut sind fast alle vor de Franzosen geflücht. Da hab i denkt, s'geht den Bauern a net besser; wo mer sonst hat vors Malter Frucht vier und zwanzig Gulden kriegt, so geben se ei'm net mehr gern acht oder neune.

s'Fehlt halt am Geld; d'Franzosen schleppen fort, was d'Kaiserliche bracht hen, deswegen könnens d'Leut net mehr uftreiben.

Bei all dem aber, daß wir mehr als d'Stadt-
Leut durch d'Franzosen verlieren, sagen se doch
ei'm ins G'sicht: „d'Bauern sind Schelmen."
I vor mein Part hab immer g'wunschen, s'möcht
wieder wohlfeile Zeiten geben, denn mir ists lieber, wenn i ruhig e Stückle schwarz Brod essen kann
und Grumbiten derzu, als wenn i den Sack voll
Geld hab, und alle Augenblick net waiß, wenn
mer's g'stohlen wird.

Wenn mer halt Frieden hätten, wär's doch
am besten; d'Kaiserliche sagen aber, sie machen
net eher Frieden, bis d'Franzosen von ihren im-
pertinenten Forderungen abstehn, und thun was
recht ist, und em Kaiser und Reich s'g'stohlene
Land zurückgeben; und da meyn i, d'Kaiserliche
hätten a wieder recht.

Vor e paar Tag hab i deswegen unsern Herrn
Pfarrer g'fragt — der gar e guter Mann ist, und
einen gern über alles belehrt, wenn wir ihn drum
fragen — warum das und jens so wär?

Da hat er g'sagt, das können wir gemeine
Leut gar net verstehn; er selber könnt net so weit
sehen. Die Große, die in der Sach' arbeiten,
die verstündens allein, ob das für uns nützlich,
und jens schädlich sey; und die thäten für uns,
was das Beste sey. Und all das G'schwäz, was

bis der

der Eine oder der Andre drüber sagt, sey lauter
Kannengießerey; und da meyn i a, der Herr
Pfarrer hätt recht, und will sel'm Rath folgen.
Leb wohl, lieber Bruder! i verbleib

       Dein

       M a r t e.

An den Herrn Pfarrer zu J..... lingen.

      Carlsruhe.

 Seitdem Sie das leztemal bei uns waren,
hat sich die Lage der politischen Welt und jene des
Kriegstheaters in Deutschland um vieles geändert.
Preußen, das viele Ansprüche auf einige fränkische
Provinzen gemacht hatte, sagt nun, da General
Jourdan in der Oberpfalz geschlagen, und Erzherzog Carl ihn durch Franken gegen Düsseldorf
treibt; es könne keine rechtmäßige Ansprüche auf
eine oder die andre Provinz machen. (*) — Allen

(*) Es scheint, der Herr Verfasser hat spezielle Bekannt-
schaft mit dem Berliner geheimen Cabinet, sonst
hätte er damals, wie er das Schreiben an seinen
Herrn Schwager in J... lingen abgeschickt hat,
dieses nicht wohl wissen können; in den Zeitungen
hats noch nicht gestanden.

      Anmerk. des Setzers.

Nachrichten zufolge, haben die Franzosen in Franken und der obern Pfalz eben so abscheulich gehaust, wie vor einem Sáculo ihre Väter in unsrer Gegend. Aber die Rache folgt ihnen auf dem Fuß nach; die fränkischen Bauern vereinigen sich mit den kaiserlichen Heeren, und haben schon manches Tausend ihrer Räuber erlegt. Im Spessart hatte die Jourdanische Armee die friedlichen Einwohner bei ihrem Vorrücken beinahe nackt ausgezogen. Die Landleute, von jedem Lebensbedürfniß entblöst, bewaffnen sich gegen ihre Todtfeinde, und lassen die einzeln hin- und herziehende Frankensöhne die Missethat ihrer Brüder büßen, indem sie ihnen nehmen was sie haben, und manchmal — je nachdem sich der Franzose gebärdet — ihn an die Pforte der Ewigkeit geleiten. Zu D.... trug sich vor wenigen Tagen folgende wahre Anekdote zu.

Die Bauern bekamen Wind, daß ein Geld-Transport von den Contributionen in Franken, mit einigen Commissairs und weniger Bedeckung, durch ihr Dorf passiren werde. Sie durften nicht lange warten; das erwünschte Gut kam an; kaum waren die mit Beute beladene Franken im Dorf, so sahen sie sich von mehr denn hundert wohlbewaffneten Bauern umgeben; diese rissen die Commissairs aus ihrem Wagen, bemächtigten sich der Bedeckung, welche sich gleich — von der Uebermacht umhrungen — gefangen gab, und erbeuteten dabei zehnmal mehr, als sie vorher verloren hätten. Bei einem Commissaire fanden sie gegen fünftausend Carolin in Gold, für welche Summe sie eine Kirche wollen bauen lassen; bis jezt waren sie so arm gewesen, daß sie die vor mehrern Jahren abgebrannte Kirche nicht konnten aufbauen lassen.

Die französischen Commissairs gleichen den spanischen Glücks-Rittern, welche nach Columbs Zeiten nach Amerika zogen, um sich Schäze zu sammeln; diese suchten das edle Metall, wo es todt vergraben lag, und nicht zum Glück der Nation gehörte. Um an die Goldquellen zu kommen, mußten freilich auch viele Unschuldige das Opfer der Haabsucht europäischer Tagediebe werden. Die heutigen französischen Glücks-Ritter hingegen suchen in einem ihrem an Cultur wenigstens gleichen Lande, wo das Geld in gewissem Betrachte zur Glückseligkeit der Nation gehört, ihre Goldquellen. Sie pressen auch dem Aermsten das Wenige, das ihn kaum vor Nothdurft schüzt, mit Gewalt aus, und ziehen dann, reich beladen mit gestohlenem Gute, ihrer Heimath zu, um dort das Gestohlne in Ruhe verschwelgen zu können. Aber ich befürchte, der jezt schlafende Deutsche wird, wenn er aus seinem Schlummer erwacht, seine Riesenkräfte gegen seine Räuber und Mörder gebrauchen; er wird sich ermannen gegen die herumziehende Bande;

er wird den Mord seiner Väter, Brüder und Kinder rächen; er wird nur mit Blut sich die Ehre seiner geschändeten Frau oder Tochter bezahlen lassen. —

Ich möchte jeden, der sich Deutscher nennt, zur Abwerfung des Joches, das uns von einem Volke aufgelegt wurde, das sich frei nennt, aufrufen, wenn ich in einer größern Sphäre wäre. Unsre Unterdrücker nennen sich eine freie Nation, die für die Menschenrechte die Waffen ergriffen zu haben, vorgiebt. Schöne Menschen- und Natur-Rechte, dem Dürftigen seine lezte Haabe zu stehlen, um das gestohlne Gut verprassen zu können!! — Was habt ihr euch denn seit sieben Jahren erfochten, frei seyn wollende Franken?? Eine National-Versammlung, die jezt dreimal so viel Aufwand macht, als der des Königs kostete; ihr habt den Adel aus dem Lande vertrieben: wer hat ihre Güter bekommen? und welcher Lasten seyd ihr durch ihre Vertreibung überhoben worden? Ihr dörft den Zehnten nicht mehr geben, den ihr sonst eurem rechtmäßigen Herrn gabet, das ist wahr; aber nun gebt ihr euren selbstaufgeworfenen Herrn den Fünften, ja oft den Zweyten; und noch mehr; und zu diesem allem werden eure Söhne und Männer mit Gewalt zu den Armeen geschleppt, damit eure fünfhundert Könige in Paris aus fremden Ländern Contributionen erpressen können,

welche

welche Summen sie unter sich theilen. Um also jenen Windkönigen ihre Existenz zu sichern, müssen sich eure Männer, Verlobte und Kinder zu Krüppeln verstümmeln lassen!! Ihr habt euch von eurer National-Versammlung durch Assignaten und Mandaten um Tausende von Millionen betrügen lassen; hättet ihr den zehnten Theil eures Geldes, das ihr seit der Revolution aufgeopfert, zu Tilgung eurer Staatsschulden hergegeben, Frankreich, — das schön gewesene Land, wäre das glücklichste gewesen, welches die Erde aufzuweisen gehabt hätte! Ihr habt alles thun müssen, was die grausamen Tyrannen in Paris von euch Unwissenden verlangten. Habt ihr unter einem eurer Könige nur den zehnten Theil aufgeopfert? Hat je einer eurer Könige so eine Greuelthat von Mord verübt, wie eure Tyrannen mit ihrer Lieblingsmaschine, der Guillotine, zu Tausenden in Ausübung brachten?

O Franken! Ihr habt übel gethan. Ihr habt eure angränzende Nationen durch den Ruf eurer fünfhundert Würger in Paris ausgeplündert, und auch dadurch den Fluch, die Rache und den Nationalhaß derselben ewig auf euch geladen.

Ich breche ab von dieser Materie, bester Herr Schwager! denn, je mehr ich mich expectorire, desto mehr finde ich Gründe vor, daß die Sache

der

der Franzosen die der schlechtesten Menschen ist, welche je Gottes Sonne beschienen hat.

Es giebt unter ihnen auch Viele, die, um nicht den Nacken unter das Eisen jener Mord-maschine biegen zu müssen, mit dem großen Hauffen laufen mußten; aber ich kann dabei nicht begreifen, daß der gute Theil der sonst so aufgeklärt seyn wollenden Franken-Nation nicht einsehen sollte, wie sie von den Schuckereyen ihrer Pariser Obern am Narrenseile herumgeführt werden.

Unsre Stadt ist beinahe von allen denen von den Franzosen besuchten Städten bis jetzt am besten durchgekommen. Vieles haben wir der guten Aufsicht unsers Commandanten Jeannot zu verdanken, der sich viele Mühe giebt, uns unser Schicksal erträglich zu machen. Dagegen plündern die Commissairs durch ihre Bons noch immer das Land aus. Ob die Wirthschaft der Franzosen bei Bruchsal und in unsrer Gegend noch lange dauern wird, ist eine große Frage. Die Besatzung von Philippsburg und Mannheim streift Distrikte Landes von vierzig bis fünfzig Stunden Wegs durch. Beinahe alle Abend kommen einzelne Patrouillen bis an unsre Stadt, und geben durch einige Schüsse zu erkennen, daß sie da sind. Wir sind in Erwartung großer Dinge, die da kommen werden;

ben; daher Sie bald wieder ein Schreiben von mir zu erwarten haben, sobald eine Hauptneuigkeit vorfallen wird.

Ich muß schliessen, um die Post nicht zu verfehlen. Leben Sie wohl!

Wie immer

Ihr

aufrichtiger Schwager.

———

Schreiben

Schreiben des Schulmeisters zu Itzenthal an den Herrn Pfarrer in J.... lingen.

Den 13ten Sept. 1796.

Mein leztes Schreiben werden Sie hoffentlich richtig erhalten haben. (*) Bei uns und im Bischöfflichen, nebst angränzenden Ländern, sind alle Landleute unter dem Gewehr; es ist eine wahre Freude, diesen Theil von Deutschland in Masse aufgestanden zu sehen. Jedes Mord-Instrument dient ihnen zur Bewaffnung: Picken, Hacken, Aexte, Ofen- und Mistgabeln stellen, wenn eine Parthie versammelt ist, eine sonderbare Gruppe dar. Aber wie sind auf einen Moment Alle für eine Meynung gestimmt worden, höre ich Sie fragen?

Die Commissaire in Bruchsal wollten, unterstützt von den Bewaffneten des General Scherp, auch diesem Theil Deutschlands das Mark aussaugen; aber die Bauern wollten sich nicht dazu verstehen; sie wanden sich an den wackern Commandanten von Philippsburg, Freiherrn von Scal — nachdem die Franzosen mehrere impertinente Proclamationen an die Gemeinden des Bisthums Speyer, rechten Rheinufers, hatten ergehen lassen, — und thaten keine Fehlbitte.

Der

(*) Wird hier absichtlich ausgelassen.

C

Der Herr Commandant erließ die hier beiliegende Proclamation (*): sie that auch bei denen
vorher

(*) Hier ist dieselbe wörtlich.

Der K. K. Commandant zu Philippsburg, auf die verblendende Bruchsaler Proclamation vom 5ten September 1796,

An die würdigen deutschen Bürger des Bruch-Rheins und alle Ihresgleichen.

Bewaffnet euch, deutsche Biedermänner, gegen die Drohungen eurer Todfeinde zu Bruchsal!

Bewaffnet euch gegen die Mörder eurer Mitbürger vom 4ten und 9ten September, gegen die Räuber eures Eigenthums, gegen die Todtschläger eurer Priester, auf eurem Grund und Boden, auf eurer Gemarkung!

Eure Bewaffnung für Eigenthum, für euer Leben ist keine Rottirung — kein Complot — keine Rebellion. Es ist Pflicht gegen euch selbst, gegen eure Nachkommen, gegen eure Constitution, gegen Kaiser und Reich, — und könntet ihr all eure Räuber in einer Stunde zu Boden strecken, so wäre es Tugend, Heil für euch und euer Vaterland; kein Verbrechen.

Seyd Männer! bleibt eurem Entschluß treu, wie ehrliche Deutsche, und sehet mit Verachtung auf jene des Bodens und des Namens unwürdige Bewohner Deutschlands herab, welche (selbst vom Feinde gehöhnt) ihre Baarschaft knechtisch nach Strasburg, wie feige Memmen, schleppen. Vereiniget euch unter euch selbst, sodann mit den Bewaffneten des Reichs-Oberhaupts! — und euer Vaterland ist gerettet, der Feind sicher verjagt, wo nicht gar aufgerieben, — und der größte
Dank

vorher Nichtbeherzten die Wirkung, welche man kaum zu erwarten sich versprochen hatte.

Jung und Alt folgte der Stimme des mit ihnen es aufrichtig meynenden Obristen, obgleich die Franzosen, durch mehrere zum Druck beförderte Schriften, sie von ihrem guten Entschlusse abwendig machen wollten, in welchen sie den Aufruf des Herrn Obristen von Scal verdächtig zu machen suchten.

Schon in den ersten Tagen des Septembers hatten sich einzelne Gemeinden gegen die Franzosen gestellt; und je nachdem die Franzosen ihnen überlegen, oder es nicht waren, fiel der Vortheil bald auf die eine, bald auf die andere Seite.

Vor etlichen Tagen fiel auf der Chaussee zwischen Wißloch und Bruchsal eine Affaire vor, wo es bei beyden Theilen blutige Köpfe absezte. Ein Gutwagen, der von der Frankfurter Messe kam, war gerade auf der Straße, um in die obere Rheingegend zu fahren. Ohne es zu gewahren, befanden sich die Fuhrleute auf einmal im Gedränge. Um ihrer Sicherheit willen ließen beyde, ein erwachsener Mann und ein Pursche von 16 Jahren, ihren

---

Dank eurer Nachkommenschaft wird euch ewig mit gerührtem Herzen eure Gefahr, eure Mühe und Entschlossenheit lohnen.

So denkt euer Freund, der K. K. Oberste und Commandant zu Philippsburg,

von Scal, m.p.

ihren Wagen stehen, und liefen dem nicht weit entfernten Dorfe zu.

Noch hatten sie nicht das Dorf erreicht, als ein französischer Reiter auf sie zu kam, den armen Jungen ohne weiters in Stücke hieb, und den Andern schwer verwundete. Erst nach geschehener That sahe er ein, daß er unschuldige Menschen seiner Wuth aufgeopfert hatte. Aehnliche Fälle, daß Franzosen unbewaffnete friedliche Landleute so grausam behandelten, haben wir eine Menge aufzuweisen.

Durch diese und noch mehrere viel abscheulichere Greuelthaten angereizt, beantworteten die Landleute des Bistums Bruchsal die seit mehreren Wochen an sie erlassene Manifeste auf folgende Art:

Unfrage
deren ihr Eigenthum zu schützen sich entschlossenen Bürger des Bistums Bruchsal, am rechten Ufer des Rheins,

An den französischen General Scherp in Bruchsal.

So lang Philippsburg noch von Deutschen im Besitz ist, können wir uns unmöglich für eroberte Einwohner halten; maßen uns von daher die Erinnerung an unsre Pflichten gegen Kaiser und Reich täglich noch wiederholt wird. Wenn man Ihnen, Herr General, sagte, daß wir uns verschworen hätten, gegen die unter ihrem Kommando stehenden

den Truppen die Waffen zu ergreiffen, so war es ein Mißverstand, den der Anbringer erregte. Wir haben uns verschworen, unser Eigenthum zu retten, lieber zu sterben, als zu betteln, und wollen, als Väter unsrer Kinder, diesen hinterlassen, was unser Schweiß erwarb; — uns aber keineswegs plündern, unsre Gotteshäuser entheiligen, und uns, wie feige Schurken, weinend zu Grunde richten lassen.

Wir sind keine Treulosen, wenn wir dieses unser Vorhaben mit unserm — und mit dem Blute unsrer Familien (welche, von gleichem Geiste beseelt, mit uns leben und sterben wollen,) besiegeln. Es ist uns einerley, ob Sie unser Vermögen durch Ausschreiben, oder mit dem gespannten Hahnen fordern; beydes führt zu einem Ziel — zum Betteln. Sie glauben, Herr General, von Kriegsrechtswegen berechtigt zu seyn, Brandsteuern von uns zu fordern. Warum forderten denn unsre deutschen Völker keine Millionen im Elsaß, als sie Anno 1793 bis Brumath vordrangen? Sie sagen ferner im 3ten Absatz Ihres Aufrufs, daß wir gewagt hätten, die Waffen gegen Völker zu ergreiffen, die uns keineswegs den Krieg erklärt hätten.

Warum forderten Sie also Brandschatzung, wenn Sie als Freunde da sind?

Haben wir Fried- und Ruheliebende Sie gerufen? Haben wir vor diesem je gegen Sie, Herr General, oder gegen Ihre Nation gesündigt?

Warlich, Sie werden nicht den geringsten Beweis dagegen aufbringen.

Wir sind daher weder treulos, weder Rebellen, noch geblendete Innwohner. Wir sind wahre biedre deutsche Familienväter, die sich entschlossen haben, ihr Haab und Gut mit Leib und Leben zu schützen. Lassen Sie uns demnach, — wenn Sie wirklich ein gefühlvoller Mann sind, der Sie in Ihrem Aufruf seyn wollen, — unsre Rechte, unsre Baarschaft, und unser Vieh. Zahlen und zehren Sie, wie Gäste, und widerrufen Sie die auferlegte Brandschatzung, so werden wir ruhig und die nemlichen seyn, die wir seither waren. Führen Sie aber Ihre Drohungen aus, so werden wir uns von niemand, als von Ihnen, getäuscht finden. Doch rechnen Sie auf eine mannhafte Gegenwehr. Rechnen Sie mit Zuversicht darauf, daß wir den Mord unsrer Kinder, und diese den Mord ihrer Eltern, so wie den Brand unsrer Häuser, mit dem Mord Ihrer Bewaffneten rächen, — daß wir noch im Sterben die Rache des Himmels und unsrer Nachkommenschaft auffordern, und mit dem lezten Hauch den Mörder und Räuber verfluchen werden, der uns unsre Ruhe in unsern Hütten störte.

Der erste Schuß in unsrer Gemarkung auf einen Bürger sey der allgemeine Zug zur Sturm-Glocke, der brennende Lunten am Pulver! Dann erwache deutscher Biedersinn, und bringe die Masse gegen seine Feinde, so wie gegen die Feigen, welche nur müssige Zuschauer abgeben wollen.

Dann wird unser Wahlspruch seyn:

"Brüder Deutschlands, auf! Es ist besser, mit Ehren zu sterben, als mit Schande zu leben.

Unterzeichnet:
Die Gemeinde des Bistums Speyer, rechten Ufers am Rhein.

Diese Antwort einer deutschen Gemeinde zeichnet sich durch ihre Naivität und Biederkeit besonders aus, und verdient, von jedem deutschen Manne gelesen und beherzigt zu werden.

Sie unterscheidet sich von jenen französischen Prahlereyen, mit welchen wir, seitdem die Franzosen in Deutschland sind, so oft gespeist wurden, wie das Licht vom Schatten.

Unsre deutschen Bürger wissen ihren Worten Kraft zu geben, und zeigen nun, da sie sich vom französischen General getäuscht sehen, was sie zu thun im Stande sind.

Die Franzosen werden täglich zu Paaren getrieben, und nicht selten sieht man gefangene Franzosen, von deutschen Bauern eingebracht. Jezt machen sie sich, wie man sagt, in Bruchsal marschfertig; denn sie sagen: sie könnten's mit den Bauern nicht mehr ausstehn. —

Gestern gieng ein alter 60jähriger Mann, mit einem Gewehr auf dem Rücken, vor meinem Haus vorbei, als ich zum Fenster hinausschaute. "Wo "wollt ihr naus, Keller?" redete ich ihn an.

Keller.

Keller. Will e mal naus ufs Hünerwäßel; dort sollen wir uns stellen, ist uns durch den Bittel angesagt worden.

Ich. Was wollt ihr denn dort machen? Ich denke, es wäre euch besser, wenn ihr bei euern Enkeln heute zu Haus bliebet.

Keller. (munter.) Ah was, Herr Schulmeister: i glaub, er spaßt. Meynt er denn, i könnt n'immer fort? Oh, weit g'fehlt! i kann noch mehr, als er meynt.

Ich. Lieber Keller, so hab ichs nicht gemeynt. Ihr wißt ja, daß ich nicht gern bei so einer Zeit, wie wir jezt in einer leben, bei solchen Gelegenheiten Spaß mache. Ich hab halt gedacht, es wäre besser, ihr ließt die Jungen gehn, und bliebet hübsch fein zu Haus.

Keller. Nein, des thu i net; i kann e mal d'Franzosen net ausstehn. Wenns also heißt: aufgebrochen gegen die Hallunken! so bin i g'wiß, troz mei'm grauen Kopf, net der Lezte.

Ich. Nun, ich will euch nicht abwendig machen von eurem guten Vorsatz; nur bitt ich euch, wagt euch nicht zu weit in die Gefahr, sondern schont euch ein wenig.

Keller. Nein, hinten mag i net seyn, sonst blieb i lieber hinter mei'm Ofen. I geh ja freiwillig, ohne daß mers von mir verlangt. I muß ihm nur sagen, Herr Schulmeister: mir hat mer nichts ang'sagt, aber mei'm Hannes; und da geh i

derzu,

derzu, ohne daß jemand von meine Leut was dervon wais. Wir hen denn gestern Abend so dervon g'sprochen, da hab i g'sagt, i wollt a noch e Franzosen todtschiessen; da hen meine Kinder mi fast ausg'lacht; und nu will i ihnen zeigen, daß i noch e Franzosen todtschiessen kann. No, Herr Schulmeister, i muß fort, sonst krieg i nichts mehr zu thun; also abies! —

Ich wünschte dem alten deutschen Biedermanne viel Glück auf den Weg. Er war auch kaum eine Viertelstunde fort, so hörte ich schon schiessen.

Wie es Abend wurde, hörte ich ein allgemeines Freudengeschrey unten im Dorfe; ich gieng dem Lermen nach; da sah ich denn, daß ein großer Hauffen Menschen zum Dorf hereinzog; ich kam näher, sah gleich nach dem alten Keller, und richtig, er ist dabei; sein Bajonet war ganz blutig, war also der untrüglichste Beweis, daß er sein Versprechen erfüllt hatte. Wie er mich sah, da fieng er an, laut auf zu jauchzen, wie ein Knabe, dem man einen Pfefferkuchen vorhält: „No, Herr „Schulmeister, i hab heut e guten Fang g'macht; „sich er e mal" (hier zog er einen Beutel mit Gold, nebst einer goldnen Uhr aus der Tasche.) „Was meynt er: ists wohl der Müh werth g'we„sen, daß i nausgangen bin? I hab noch e Gaul, „den führt mein Bub hinten nach; jtzt kann i „doch meine Schulden von meinen Gütern ab„zahlen."

Aehnliche Geschichtchen tragen sich fast täglich bei uns zu; doch, ich übergehe sie. Der französische General Scherp in Bruchsal sah wohl ein, daß er mit Gewalt gegen den deutschen Landmann nichts gewinnen würde; er ließ deswegen in die Carlsruher und in mehrere Zeitungen setzen, daß den 4ten September zwischen ihnen und den Ristumer Bauern, nebst einigen Kaiserlichen, ein Gefecht vorgefallen sey, in welchem die Bauern 90 Todte, eben so viele Verwundete, und über 100 Gefangene, nebst 3 Capuzinern, welche mit im Treffen gewesen seyn sollten, verloren hätten. Dieses ist aber eine impertinente Lüge. Unsre ächten Deutschen hatten wohl an diesem Tage mit den Franzosen angebunden; aber nicht sie hatten Gefangene verloren, sondern die Franzosen hatten viele Leute liegen lassen. Wir verloren einige Todte; aber nur Einer wurde gefangen, der aber den Franzosen wieder auf dem Transport entsprungen ist. Die Franzosen aber haben die Landleute aus ihren Häusern, nebst einem Capuziner, aus seiner Capelle mit sich fortgeschleppt, die übern Rhein transportirt werden sollen; dagegen haben unsre Landleute einen Commissair, nebst mehrern Franzosen in ihren Händen, welchen das nemliche Schicksal wiederfährt, das unsern Leuten wiederfahren wird: man sagt aber allgemein, sie werden gegen einander ausgewechselt werden.

Mit solchen einfältigen Lügengerüchten glauben die Franzosen unsern bewaffneten deutschen Landleuten

leuten Furcht und Schrecken einjagen zu können; aber sie betrügen sich garstig.

Wenn bei unsern Leuten je auch ein solcher Fall existiren würde, so würden die Zurückgebliebenen sich nicht schrecken lassen; sie würden vielmehr das Blut ihrer erschlagenen Mitbrüder nur um so fürchterlicher rächen.

Mit aller Devotion bin ich übrigens
Meines Herrn Gönners
ergebenster
*****, Schulmeister.

An den Herrn Pfarrer in J... lingen.
Carlsruhe, den 15ten Sept. 1796.

Gestern wurden wir endlich von den Franzosen befreyt. Die Besatzung von Mannheim, nebst einem Theil der Armee des Herrn Erzherzogs Carl, welche zuvor die Maingegenden von der Räuberhorde des Generals Jourdan, die eine empfindliche Gottespeitsche für jene Länder gewesen war, gereinigt hatte, griff, mit den Landleuten vereinigt, das Scherpische Corps, das bei Bruchsal stand, an. Dieß war sogleich geworfen, und noch Dienstag Abends aus Bruchsal vertrieben.

Eine andere Colonne trieb das in Neureuth gelegene französische Commando vor sich her, und kam gestern Morgens gegen 7 Uhr vor unsern Thoren an. Die Franzosen postirten sich hinter die Pfeiler des Mühlburger Thors, und feuerten gegen

gen die hinter den Bäumen postirten Kaiserlichen, welche einen Kugelregen zum Thor herein machten. Viele Leute, die noch nicht eine derartige Kriegs-Begebenheit gesehen hatten, waren vorwitzig genug, diese Affaire mit ansehen zu wollen; von diesen hatten einige sich so weit gewagt, daß sie von denen zum Thor hereingeflogenen Kugeln getroffen wurden. Eine Bürgersfrau wollte ihre Fensterläden zumachen; dieser fuhr, während sie sich zum Fenster herauslegte, eine Kugel durch den Hals, und sie war auf der Stelle todt.

Wir wußten nicht, was eigentlich die Kaiserlichen mit uns vorhatten, waren also zwischen Furcht und Hoffnung, wie sich dieser Angriff enden würde.

Der französische Commandant ritt in den Straßen herum, und führte die ihren Posten entlaufene Franzosen wieder an die Thore. Die Franzosen schossen auch unaufhörlich aus den Fenstern der Wachstube; die Kaiserlichen aber blieben ihnen nichts schuldig.

Schon hatte das Schießen aus dem kleinen Gewehre mehrere Stunden gedauert, als auf einmal an dem sogenannten Hasenthor ein kaiserliches Detaschement auch dort die Franzosen angriff, und das hölzerne Thor stürmte; die dort geringe Wache der Franzosen zog sich, immer auf die eindringende Kaiserliche feuernd, gegen den Markt zurück. Schon riefen sie: Pardon! als sie eine Verstärkung gewahr wurden, welche General Scherp — der

den

den nemlichen Tag über Durlach getrieben wurde — von seiner Avantgarde in die Stadt warf; nun giengs, von neuem Muth belebt, unter dem Geschrey: Avance, Avance! wieder vorwärts. Die Franzosen waren durch die ihnen so unverhofft erschienene Hilfe viermal so stark als die Kaiserlichen geworden; leztere waren also genöthigt, sich wieder zu ihrem Hauptkorps zurückzuziehen.

Die kaiserl. Infanterie konnte ihrer Cavallerie nicht geschwind genug folgen; es geriethen daher Einige in Gefangenschaft, welche jedoch noch den nemlichen Tag wieder befreyt wurden. Hier kann ich mich nicht enthalten, eine französische Schandthat anzugeben.

Ein kaiserlicher Infanterist von Manfredint hatte sich zu weit gewagt, und war, ehe er sichs versah, von französischer Cavallerie umrungen. Keiner Hilfe seiner Cameraden mehr gewärtig, warf er sein Gewehr weg, und rief: Pardon! Ein Franzose gab ihm einen Hieb; er fiel auf die Knie, und bat um die Schonung seines Lebens. Die Unmenschen hatten kein Gefühl für das Flehen dieses Wehrlosen; sie hieben ihn ohne weiters in Stücke.

O du armes Kind! dachte ich. Es war ein Junge, der kaum 16 Jahre gezählt haben mochte, und vielleicht noch Eltern hatte, deren Stütze er einst werden sollte. Weh euch, Eltern! die ihr in diesem Hoffnungsvollen eure künftige Stütze wähntet!

tet! Er ist gefallen durch den Barbarismus eines wüthenden Franzosen.

Ungefehr 20 Mann französischer Reiter zogen in geschlossenen Reihen gegen das Mühlburger Thor. Noch waren sie nicht daselbst angekommen, so flog die erste Kanonenkugel zum Thor herein. Wie ein Blizstrahl fuhren die Reiter auseinander, und postirten sich hinter die Häuser an der Herrengasse.

Diese war aber nicht die lezte Kugel, die in die Stadt kam; jezt flog ein Sechspfündner nach dem andern im Keruschusse zum Thor herein, schlug auf den Steinen auf, und fuhr mit neuer Kraft in die in der langen Straße stehende Häuser.

Der Schrecken der Einwohner war jezt aufs höchste gestiegen. In den Kellern war man kaum des Lebens sicher; denn es waren auch schon einige Haubitzen, bei welchen jedoch, aus besondrer Schonung für die Stadt, die Brandröhren waren abgeschnitten worden, auf der Straße niedergefallen. Niemand konnte aber wissen, wie es bei dem so hartnäckigen Widerstande der Franzosen noch mit uns gehen konnte.

Kinder und Weiber jammerten, während von dem Kanonendonner und denen immer schneller aufeinander in die Häuser fahrenden Kugeln alle Häuser zitterten.

Ich sah eine Gruppe von einer Familie, die zum Erbarmen war: die Gattin eines sehr wackern Mannes, welche mit einer sechs- oder siebenmonatlichen

lichen Bürde gieng, war vor Schrecken von Mutterweh überfallen; jeden Augenblick sah man einer zu frühen Niederkunft entgegen; drey Kinder von ein bis vier Jahren, die bei jedem Schusse ein Zetter-Geschrey machten, erhoben das Bedaurungswürdige der guten Mutter auf den höchsten Grad.

Klirr, klirr, — und das ganze Haus erbebte. Herr Jesus, schrie die gute Frau, — und fiel in eine Ohnmacht.

„Was ist das? Um Gotteswillen, helfen Sie meiner Frau! Ich will in meinem Hause nachsehen, was das war," sagte der Mann zu mir.

„Bleiben Sie doch! Es wird eine Kanonenkugel gewesen seyn, der vielleicht noch mehrere folgen können; ich bitte Sie daher, bleiben Sie, und setzen Sie sich nicht einer unnöthigen Gefahr aus", erwiederte ich.

Kaum hatte ich ausgeredet, als ein zweyter Schuß fiel, und das Haus von neuem erschütterte.

Doch, es war der lezte. Die Franzosen suchten sich durch die Flucht zu retten, nachdem eine Kanonenkugel einen Pfeiler des Mühlburger Thors traf, und einem dahinterstehenden Franzosen den Kopf zerschmetterte.

Die Bravour eines einzelnen Unteroffiziers von Blankenstein Husaren verdient besonders erwogen zu werden. Wie dann derjenige Theil des angreifenden kaiserl. Corps, welcher das Hasenthor gesprengt hatte, bis auf den Markt vorgedrungen

war,

war, ritt der Unteroffizier allein gegen die am Mühlburger Thor sich noch vertheidigenden Franzosen; aber kaum war er bis an die Rittergasse gekommen, so war er schon von seinen Cameraden abgeschnitten, indem jene durch die angekommene Verstärkung der Franzosen waren zurückgetrieben worden. Zwey Chasseur zu Pferdt waren ihm auf kaum 100 Schritte vom Leibe; er aber lenkte mit ganz kaltem Blute von der Rittergasse gegen das Prinzenthor zu, welches verschlossen, und von einem französischen Grenadier besezt war. Auf diesen ritt er zu; der Franzose schrie: Pardon! und er machte ihn gefangen. Die zwey französische Chasseur hielten an der Ecke der Gasse, und er innerhalb des verschlossenen Thors. Der gefangene Franzos sagte, daß der Thorschlüssel in dem nebenstehenden Haus sey. Endlich kam ein Unteroffizier von unserm Militaire, welches in den lezten Tagen des Hierseyns der Franzosen die Thorwachen gemeinschaftlich mit ihnen — jedoch ohne Gewehr, blos mit Korporalsstöcken — gehabt hatte, schloß auf, und der Husar ritt mit seinem Gefangenen weiter.

Ich gieng etwas später, nachdem der Lermen ganz vorbei, und die Stadt von den Franzosen geräumt war, an das Thor, wo die Kaiserlichen hereingezogen, — und der nemliche Husar, der am Prinzenthor den Gefangenen gemacht hatte, war wieder der Erste, der in die Stadt hereinkam.

Die

Die Entschloffenheit der beyden Offiziers von Blankenstein und von Manfredini, welche zuerst in unsre Stadt kamen, verdient, belohnt zu werden.

Den einen davon habe ich noch den nemlichen Tag im Kreuz gesprochen. Seiner Sprache nach, scheint er ein Sachse zu seyn; er mag aber seyn wessen Standes er will, so ist er ganz der Mann, wie ich mir ihn wünsche.

Commandant Jeannot hatte schon um halb eilf Uhr, von einigen Chasseurs begleitet, Carlsruhe verlassen. Es daurte nicht lange, so folgten ihm seine Waffenbrüder, die sich nach der Rüppurer Straße durch das Hasenthor zogen.

Die Chasseurs machten die Arrieregarde. An dem letzten Haus rechter Hand mußte der Wirth — weil sie keine Verfolger sich auf dem Nacken sahen — den Franzosen seine Thüre öfnen, unter dem Vorwand, er solle ihnen Wein geben. Aber kaum waren sie im Haus, so forderten sie von demselben mit gespanntem Hahnen Geld, und nahmen ihm gleich seine Taschenuhr; da er sich aber nicht sogleich dazu verstehen wollte, und sie sich nicht lange mehr aufhalten konnten, so machten sie kurzen Prozeß, nahmen ihm, was sie an Weißzeug, Kleidern und dergleichen erwischen konnten, und erpreßten noch dazu eine ansehnliche Summe baaren Geldes. Schon wollten sie fort, als der Eine einen sehr schönen Ring bei ihm gewahr wurde.

„Gieb den Ring her!" sagte er.

„Ich kann ihn nicht vom Finger herunterkriegen," sagte der Mann mit beklommener Brust.

„Nun, so will ich ihn heruntermachen," erwiederte der Franzose in einem trotzigen Tone, nahm ihn bei der Hand, und wollte ihm den Finger, an welchem er den Ring stecken hatte, abhauen.

Wie das der Wirth sah, machte er keine Einwendungen mehr, und übergab dem Franzosen seinen Ring lieber allein, als mit dem Finger.

Während dieß geschah, standen die Kaiserlichen — ungewiß, ob die Franzosen die Stadt verlassen, oder sie noch besetzt hatten — vor dem Mühlburger Thor.

Ein einzelner Franzose, der besoffen, und schon über eine halbe Stunde von seinen Mitbrüdern verlassen war, feuerte noch immer zum Thor hinaus; endlich zog er sich zurück, weil er sich ganz verschossen hatte, und beunruhigte noch mehrere Leute, von denen er Wein verlangte. Dann zerschlug er seine Muskete, — nachdem er dieselbe mehrmalen zum Kauff angeboten hatte, und sie ihm niemand abkauffen wollte — in Stücke, und verbarg sich in ein Haus, wo er schon zuvor mochte bekannt gewesen seyn, wurde aber gegen Abend entdeckt, und zum Kriegsgefangenen gemacht.

So endigte sich der Aufenthalt der Franzosen in unsrer Stadt, nachdem wir dieselben ungefehr neun Wochen lang gefüttert, gekleidet, und mit Geld versehen hatten.

Einige Tage vorher, ehe wir von den Franzosen durch die tapfern kaiserlichen Krieger befreyt wurden, war es in unsrer Stadt, besonders alle Abende, sehr unruhig. Eines Abends brach alles, was von Franzosen hier war, zwischen 9 und 10 Uhr auf, und den Bürgern ward angesagt, daß sie diese Nacht die Thorwachen versehen sollten.

Diese wollten sich nicht ganz bereit dazu finden, weil die Franzosen gleich in den ersten Tagen allen Einwohnern ihre Gewehre abgenommen hatten. Darauf wurden die Thore doch von den entwaffneten Bürgern besezt, welchen einige Unteroffiziers vom hießigen Militaire zugegeben wurden.

Viele Einwohner frohlockten schon, daß die Franzosen uns verlassen haben mochten; aber am andern Morgen fanden sie sich getäuscht, denn die Franzosen hatten blos einen Streiff- und Kreuzzug in den Hardwald gemacht, und sich am andern Morgen wider zum Frühstück eingefunden.

Vor einigen Tagen trug sich hier folgende Anekdote zu: Eines Abends brachten vier bewaffnete Franzosen einen bei Bruchsal mit dem Gewehr in der Hand gefangenen Bauern des Bistums Bruchsal hier ein, und sezten ihn die Nacht über in das Stockhaus am Linkenheimer Thor, um ihn am andern Morgen bei der Knielinger Rheinfahrt ins Elsaß zu transportiren, wo er ohne Gnade zum Strange verurtheilt werden sollte. Der Morgen kam, troz der schlaflosen Nacht des armen Maleficancanten. Er wurde auf einen Wagen gethan, auf welchem zwey Grenadiere mit geladenen Gewehren bei ihm saßen; auf beyden Seiten des Wagens giengen noch zwey andere zu Fuß, um ja ihres Transports gewiß zu seyn. Sie waren ungefehr eine halbe Stunde vom Thor entfernt, als die beyden vornen sitzenden Franzosen über ihrem Gespräche wenig auf ihren Gefangenen Acht gaben. Der auf die linke Seite des Wagens bestimmt gewesene Franzose steckte bei seinem auf der rechten Seite gehenden Cameraden eine Pfeiffe Toback an.

Diesen günstigen Augenblick benuzte der ohnehin verloren gewesene Bauer; er ließ sich ganz unbemerkt hinten über den Leiterwagen hinab, und sprang auf die an einem Verschlage arbeitende Bauern zu, die ungefehr einen Steinwurf weit vom fahrenden Wagen entfernt waren — und husch war er im Waldschlag. Arrêtés, arrêtés! 'alt, 'alt! schrie'n die Franzosen, welche erst jezt gewahr wurden, daß sie den leeren Wagen escortirten.

Aber die Bauern nebst zwey Jägern waren weit entfernt, dem vor Angst halbtodten Bauern Hindernisse in den Weg zu legen; sie sagten ihm vielmehr im Vorbeispringen, er solle gleich auf der andern Seite hinaus. Auch die Franzosen waren nicht aufgelegt, den kaum entlauffenen Bauern zu verfolgen, sondern wandten sich an den Jäger.

„Du mußt mit: du bist unser Gefangener!" sagte der eine von ihnen, der ein Elsäßer war.

Der

Der Jäger. Was geh'n mich eure Gefangene an! Bin ich hier, um solche euch wieder zu fangen?

Der Franzose. Ja, das bist du schuldig. — Haben wir dir und deinen Leuten nicht gerufen, daß sie den Kerl aufhalten sollen? — Und weder du noch sie haben es gethan.

Der Jäger. Ich sag' euch: seyd nicht ungescheid! lauft eurem Bauern nach, ich hab' nichts dagegen; aber mir bleibt vom Hals, sonst sezt's was ab.

Jezt machten die um den Jäger und die Franzosen stehende Bauern Miene, ihre Nazebeule und andere Werkzeuge in Bewegung zu setzen.

„Wart, wir kriegen dich doch, Grünrock! wir „wollen nur mehr Leute holen," sagte der Elsäßer zu denen sie verlachenden Arbeitern, — und zu seinen Cameraden sagte er: „Allons-nous! les Bougres „nous ne manqueroient pas." (*) So kehrten sie in Gottes Namen wieder dem Carlsruher Thore zu, und kamen auch ganz gesund und wohlbehalten wieder in der Stadt an.

Die beyden Jäger, welche doch den Franzosen nicht zuviel zutrauten, entliessen für heute ihre Leute auf der Stelle, indem es einerley war, ob diese Arbeit jezt oder ein andermal verrichtet würde, sie sich aber keiner Untersuchung aussetzen wollten, und nach Hause giengen.

(*) Auf deutsch: Kommt! die Hunde kriegen wir doch.

Diese Bauern zogen sich durch einen ungewöhnlichen Weg des Hardwaldes gegen die Waldspitze des Selteneckischen Guts. Einige in die Stadt gehende Bauern sahen sie von weitem, und verbreiteten das Gerücht in der Stadt, es lägen Kaiserliche dort in der Wald=Ecke. Es waren auch wirklich den nemlichen Tag einige hundert Mann kaiserliche Cavallerie und Infanterie in jener Wald-Gegend, welche Wind bekommen hatten, daß ein Geldwagen samt einigen Geiseln und Kanonen von Bruchsal nach Strasburg vorbeitransportirt werden sollte. Diese kamen aber zu spät. Denn da Commandant Jeannot von Carlsruhe gegen den französischen Offizier, der das Ganze escortirte, und hier übernachten wollte, geäusert hatte: „er wäre „hier nicht sicher," so gieng der Transport noch den Abend zuvor ab.

Nicht wahr, Herr Schwager, das war ein langer Brief? — Ich könnte Ihnen noch mehr schreiben; aber die Post geht ab — und überdieß habe ich schon einen ganzen Bogen voll. Leben Sie wohl, und sind Sie immer, wie ich,

Ihr

schreibfertiger Schwager.

Marte an Jockel.

Hast schon lang kein Brief mehr von mir kriegt, Jockel: weist aber a, warum? I hab halt nichts Neu's g'wußt, und da hab i dir halt net schreiben

ben mögen. Jezt aber, daß d'Franzosen fort, und die Kaiserliche wieder da sind, und i gestern noch derzu in Durlach g'wesen bin, wo i viel Neu's erfahren hab, so schreib i dir jezt desto mehr.

Ja, in Durlach ist's bund übereckd hergangen. Wie d'Kaiserliche die Franzosen g'jagt hen in der Gegend von Bruchsal und Wingerten, (*) sind se zuvor mit blutige Köpf dervon kommen, druf sind se in vollem Kallop nach Durlach g'sprungen kommen, und hen bei der Hofgärtnerey in der Vorstadt ausg'ruht, aber gar net lang, denn d'Kaiserliche sind gleich da g'wesen, und da giengs denn an e Hauen und Schiessen, daß es de Leut gar angst worden ist.

Wie se sind schon zum Carlsruher Thor draus g'wesen, hen noch d'französische Reiter mit den kaiserlichen Husaren in der Stadt rumstankirt, und hen noch derbei, wo sie hen zukommen können, geplündert, daß e Sünd g'wezt ist.

Und so sind se zweimal, wie sie schon sind zur Stadt draussen g'wesen, wieder rein kommen, und hen sich mit den Kaiserlichen ruzig'hauen, und dann sind se erst gegen Carlsruh zu retterirt. Wie se aber an Gottsau (**) kommen sind, und uf

D 4   Carls-

(*) Auf gut deutsch: Weingarten.
(**) Liegt eine Viertelstunde von Carlsruhe, und drey Viertelstunden von Durlach.

        Anmerk. des Sezers.

Carlsruh nein hen g'wöllt, so sind schon kaiserliche Sechspfünder kommen von den andern Kaiserlichen, die vor Carlsruh schon g'standen sind, eh se hinkommen sind; und da hen sie sich halt über Gottsau nach Rüppur zogen, und sind Strasburg zu g'loffen.

Fast hätt i dir vergessen zu sagen den G'spaß mit ihren Kanonen: se hen denn in allem und allem zwey Kanonen g'habt: die einte ist denn a g'wesen, wie e rechte Kanon; aber über die ander da hen alle Leut g'lacht: die hen se am e Strick nachzogen, der e Viertelstund lang g'weßt ist, und hen se fast net fortbringen können.

So hat mers einer erzählt, der derbei g'wesen ist. Aber was i g'sehen hab, des hat mich noch mehr g'freut. Wie i denn gestern nach Durlach komm, so seh i uf einmal e großen Hauffen Leut kommen: wie ichs aber näher g'sehen hab, so sinds g'fangene Franzosen g'weßt, die die Kaiserliche in Kehl kriegt hen: da ist einer derbei, der hat ausg'sehen wie der Teufel aus der Höll; neben dem ist aber ein anderer gangen, der mir meine Enten g'stohlen hat; da hab i g'sagt: Spitzbub, bist a hier? und hab ihn wollen beym Gripps nehmen; das hat aber der kaiserlich Soldat, der mit dem G'wehr neben ihm hergangen ist, net g'litten, und hat g'sagt, i dörft ihm nichts mehr thun: er sey g'fangen. Und da hab i ihn halt gehn lassen.

Wie

Wie das G'schmatz ist verbei g'wesen, so sind viel Offizier kommen, die a gfangen g'wesen sind, und die hen gleich an der Kronen mit de Durlacher g'redt, als wenn se da z'Haus wären. (*)

Da hen denn die Durlacher gleich z'essen und z'trinken g'nug bracht; da hab i denkt, s'ist recht, wenn mer denen Kerlen z'essen giebt, aber Wein sollt mer ihnen keinen geben; sie könnten wohl a Wasser sauffen, denn se hen schon Wein g'nug g'soffen. (**) Da sind se denn uf der Altane vom Rathhaus g'wesen und in der Munzipalitätsstub, und hen e G'schrey g'macht, wie wenn e Höll voll Teufel im Streit miteinander wären.

Aber 's sind a rechte unfläthige Kerl unter den Franzosen: da hat denn einer sein Hemd uf d'Altane r'aus g'hängt, des breit voll g'sch..... g'weßt ist; des ist e rechter Saukerl, hab i denkt.

(*) Es sind von denen Franzosen gewesen, die vorher in Durlach einquartirt, folglich schon mit den Bürgern bekannt waren.

(**) Ich hab wohl auch etliche Leute sehen Wein tragen; ob aber alle Franzosen welchen bekommen haben, bezweifle ich sehr, da ich die Franzosen im Schulhaus aus Zubern und Töpfen habe Wasser trinken sehen, und zwar in solcher Menge, wie sie kurz zuvor den Wein aus der Amtskellerey getrunken hatten. Ich hab daher gedacht, daß die Franzosen auch Wasser trinken können, wenn sie keinen Wein haben. Anmerk. des Setzers.

Ja, was i noch g'sehen hab: Sechzehn Kanonen und viel Pulverwägen, die hen gar d'Bauren den Franzosen abg'nommen; da hab i e rechte Freud g'hat, daß i a e Bauer bin, und hab denkt, i will a noch e mal den Franzosen e Kanon nehmen, wenn i derzu kommen kann.

E paar Tag vorher, eh d'Kaiserliche nach Durlach kommen sind, sind se schon zwischen Durlach und Pforzen am e Nachmittag bei Weßingen uf die Chossee kommen, und hen den Franzosen viele Pulverwägen wegg'nommen; und die Franzosen, weil se net sicher g'wesen sind, so sind se so pfiffig g'wesen, und hen ihr Pulver und Bley uf Güterwägen zur Moroischen Armee g'führt; aber d'Kaiserliche sind noch pfiffiger g'weßt, und hen se ihnen wegg'nommen; und da glaub i, wenn der Moro kein Pulver und Bley mehr hat, so wird er sich g'fangen geben müssen.

Noch e Streich muß i dir erzehlen, der mir g'schehen ist. Da geh i denn in's Wirthshaus, wie mers heißt, weiß i nimmer, und laß mer e Halbe Wein geben; kaum wend i mei'm Glas den Rucken, so saufft mer e krummbeinigter, eindugigter Kerl, der in der Stub uf- und abg'loffen ist, mein Wein aus; da hab i zu ihm g'sagt: der Herr ist e rechter Flegel, daß er mer mein Glas aussaufft.

„Ach, lieber Freund, ich hab mich im Glas „versehen," hat er druf g'sagt. Da hab aber i g'sagt,

i g'sagt, daß er net g'scheid sey, denn mein Glas
sey ja sechsmal so groß als wie sein's, da könnt
mer sich net wohl versehen, und er hätt's ja ganz
ausg'soffen. Druf sagt er:

„ Ich bitt ihn, mach er keinen Lermen; ich
„ bin ganz unschuldig, denn ich hab ja nur ein
„ Aug, wo ich's nicht so genau sehen konnte."

Ja, er mag mir der rechte Vogel seyn, der
nur uf ander Leut Kösten sauffen will, hab i ihm
ins G'sicht nein g'sagt; da hat mich aber der Wirth
beiseiten g'nommen, und hat mer g'sagt, daß er's
schon mehr Leut so g'macht hätt, und da hätt ihm
einer e mal Brechwasser in Wein g'schütt, und sey
druf zur Thür naus gangen, und da hätt er denn
den Wein a ausg'soffen, hätt sich aber hernach
speyen müssen, daß e Spectakel g'wesen sey; und
da hab i halt g'lacht, daß i hätt platzen mögen.
Druf sagt mer aber der Wirth a, daß mer nichts
mit dem Kerl anfangen dörft, denn er thät ei'm
sonst gleich e Prozeß an Hals werfen. Und da hab
i ihn halt a wieder gehn lassen, und bin heim-
gangen. Und jetz weiß i gar nichts mehr; also
adies, Jockel!

Dein treuer Vetter,
Marte.

Der Pfarrer von J..... lingen an seinen Herrn Schwager in Carlsruhe.

Den 19ten Sept. 1796.

Für Ihr Schreiben, worinn Sie mir so ausführlich die lezten Athemzüge der Franzosen in Carlsruhe beschreiben, will ich Ihnen jezt auch wieder einige Begebenheiten unsrer Gegend liefern.

Den 18ten September Sonntags früh um 4 Uhr hörten wir von Kehl her eine ausserordentlich-starke Kanonade; die Ursache davon war: die Kaiserlichen stürmten Kehl; ohne einen Mann zu verlieren, kamen sie in den Ort bis an die stehende Schiffbrücke, welche nur hätte zerstört werden dörfen, um den Posten behauptet zu haben; aber zu allem Unglück wurden einige Subaltern-Offiziers, welche das Treffen leiten sollten, aus einer verdeckten Batterie und der Citadelle aus Strasburg todtgeschossen und verwundet, wodurch das Korps etwas in Unordnung gerieth. Bei all diesem machten die Kaiserlichen viele hundert Franzosen in Kehl nieder, und nahmen gegen 600 derselben und ettlich und dreißig Offiziers gefangen, welche heute früh durch bewaffnete Bauern nebst 16 Kanonen hier durchgeführt wurden.

Diese Kanonen nahm des Schulzen Sohn von Reichenthal, der tapfere Schulz, (*) mit denen

eben

(*) Schulz ist sein Geschlechts-Name.

Anmerk. d. Setzers.

eben so tapfern Landleuten seines Orts, mit vielen Munitionswägen weg. Die französische Bedeckung, die dabei war, wurde theils niedergemacht, theils gefangen genommen.

Beinahe alle Landleute des Breisgaues, des Schwarzwaldes und der einzeln zerstreut liegenden kleinen Fürstenthümer, sind dem Beispiele ihrer Vorgänger bei Bruchsal gefolgt, und haben sich an die kaiserliche Armee angeschlossen, mit welcher sie Gefahr und Beute theilen.

Die Landleute sind mit Gewehren, Sensen, Hacken, Mist- und Heugabeln bewaffnet. Es ist ein wahres Vergnügen, die Leute aufziehen zu sehen.

Rache für die erlittene Greuelthaten blizt aus jedem Auge.

Täglich fangen dieselben in den Gebirgen einzelne Korps von 200 Mann und mehr, je nachdem sie eine starke oder schwache Truppe antreffen. Von diesen bekommen sie zuweilen wieder einen Theil des verlornen Gutes.

Vor einigen Tagen erfuhren die Bauern, daß ein Transport Geld, der von Moreau's Armee kam, und nach Strasburg gebracht werden sollte, in dem wirtembergischen Städtchen S. angekommen sey; sogleich waren sie entschlossen, was es auch koste, diese Beute zu nehmen. Sie brachen auch sogleich mit ihren gewöhnlichen Mordgewehren auf, kamen in der Nacht vor dem Städtchen an, schlichen sich bei der Morgendämmerung hinein, und — erreichten ihren Zweck völlig.

Viermal hunderttausend Gulden, nebst der ganzen Bedeckung, fiel den Siegern in die Hände, welche Summe sie auch sogleich vertheilten, und einen Commissaire, nebst der Bedeckung, zu Gefangenen machten, welche sie alle nach Offenburg transportirten, und dann den Kaiserlichen übergaben.

Ein Bauerpursche aus unsrer Gegend hütete, wie die Franzosen zu uns kamen, eine Heerde Ziegen. Zu diesem kamen einige Franzosen aufs Feld, und untersuchten, ob er nicht einige Baarschaft bei sich haben mögte; aber der arme Schelm hatte keinen rothen Pfenning in der Tasche; die Franzosen, unwillig darüber, wurden kaum seiner ganzen Schuhe gewahr, als einer zu ihm sagte: Mangé Bock? aber der Hirte verstund diese Sprache nicht, ob die Franzosen gleich auf seine Schuhe gezeigt hatten; sie sahen sich also genöthigt, sich ihm verständlicher auszudrücken, und — zogen ihm selbst seine Schuhe von den Füßen.

Dieser Pursche versah' sich seit diesem Vorfall mit einem tüchtigen Prügel, um einen fernern Besuch von der Art abweisen zu können. Da traf er dann vor einigen Tagen einen Franzosen, der sich im Wald verloffen hatte, an: dieser war vor Schrecken ausser sich, wie er den Hirten unvermuthet vor sich stehen sah; der Hirte wurde kaum seine Verlegenheit gewahr, so sagte er zu ihm: Changé! der Franzose verstund dieses Wort besser,

als

als er daſſelbe vor zwei Monaten verſtanden hatte, gab ihm ſogleich einen Beutel mit Geld und eine goldene Uhr, während er mit Angſt und Zittern ein: pardonnés moi! herausſtotterte; der Hirt ließ den Franzoſen wieder laufen, und eilte in's Dorf, wo er den Vorfall erzählte. Seit dieſer Zeit ſagen die Bauern jener Gegend, wenn ſie einen Franzoſen gewahr werden, ſogleich: Changé! (unter welchem Wort ſie: „gieb her, was du haſt!" verſtehn;) und nun iſt es zum Sprichwort geworden. Würde doch allen durch dieſen Krieg Verunglückten ihr Verluſt ſo reichlich erſezt, wie dieſem Hirten!!

Vor einigen Tagen kamen wieder mehrere Bauern, die bei der Moreauiſchen Armee zur Frohne geweſen waren, nach einem ſieben Wochen langen Ausbleiben, hier an; ſie ſagen, daß die Verwüſtungen, die dieſe Armee in Schwaben und Baiern verübt hatte, über alle Beſchreibung wäre, und daß jezt der General Moreau im Rückzug gegen den Bodenſee begriffen ſey. Auch bei ihrem Rückzuge verheeren die Franzoſen — wie beim Vorrücken — alle Gegenden, wo ſie hinkommen. Aber es wird ihnen alles mit baarer Münze bezahlt werden, da die Bauern am Bodenſee und alle andere ſich an die kaiſerlichen Truppen anſchlieſſen, und ihre Macht dadurch ungeheuer vergrößern.

General Petraſch, welcher die Franzoſen bis Kehl aus den Rheingegenden vertrieben hat, zieht ſich

ſich jetzt über Pforzheim, theils nach Weilerſtadt, theils nach Canſtadt und dortige Gegend zu, um den General Moreau von Frankreich abzuſchneiden. Gelingt dieſes, ſo dörfen wir auf einen baldigen Frieden hoffen. Bei Kehl iſt jedoch ein Korps Kaiſerlicher zurückgeblieben, welche in Verbindung mit den bewaffneten Bauern, den Franzoſen hinlänglichen Widerſtand leiſten. Bei dieſem Korps kommen täglich neue Verſtärkungen an; wenn dieſe alle da ſind, ſo wird — wie man ſagt — Kehl aufs neue angegriffen und beſchoſſen werden.

Zu gleicher Zeit, wie die Franzoſen den Rhein hinauf nach Kehl getrieben wurden, beſezten die ſchwarzwälder Bauern die Kniebißſchanze, welchen Vortheil die kaiſerlichen Truppen ſogleich benuzten, indem ſie dieſelbe mit Kanonen und der nöthigen Mannſchaft beſezten.

Dadurch iſt nun General Moreau von Strasburg abgeſchnitten, indem zugleich alle Gebirg-Einwohner bis nach Baſel die Wege verrammeln, und die kleinſten Paſſagen beſetzen, welches von lauter Freiwilligen geſchieht. Vor dem Rückzug der kaiſerlichen Armeen, wird Ihnen bekannt ſeyn, iſt es denn den deutſchen Truppen oft ſehr hinderlich gegangen, um die nöthighabende Lebensmitteln und Fourage für ihre Leute aufzutreiben; jezt aber geht das Ding ganz anderſt: die Kaiſerlichen ſind jezt nicht mehr von den Fruchtwucherern abhängig, wie ſonſt, ſondern ſie laſſen ſich, wo ſie hin-

hinkommen, für ihre Leute so viel geben, als sie
brauchen, und sind dadurch der Mühe überhoben,
große stehende Magazine zu halten, welches zum
Theil gefährlich war, und dabei ungeheure Geld-
summen kostete; wenn sie es schon längst so gemacht hätten, sie würden weiter gekommen seyn.
Auch hier bestätigt sich das Sprichwort:

„Durch Schaden wird man klug."
Wie allezeit bin ich

Ihr
aufrichtiger Schwager.

Seppel an Jockel.

I hätt dir schon lang g'schrieben, aber i muß
dir sagen, daß i kein Zeit g'hat hab'. Weißt du
aber a, warum?

I bin schon lang Baurensoldat! Glaub mir nur,
s'ist e herrlich Leben, uns Soldaten-Leben, wie
wir's hen. D'Kaiserliche sind jetzt gar gute Leut,
und i hab jeden von ihren Soldaten so lieb, wie
meinen Bruder; denn jetzt erst wissen wir, was
wir an ihnen g'habt hen; eh d'Franzosen bei uns
g'wesen sind, hen mers gar net eing'sehen.

Daß i dir aber a von unserm Soldaten-Leben
erzähl: Wir ziehen denn fast alle Tag uf die Wacht,

und wenn's nöthig ist, gegen d'Franzosen, die Spitzbuben, die uns unser Sach g'nommen hen, hauen wir aber, daß se's gern besser haben möchten.

Gleich im Anfang, wie d'Kaiserliche kommen sind, hen wir uns g'stellt gegen d'Franzosen, und da hat uns einer g'sagt, daß d'Franzosen Kanonen im Gebirg stehn hätten; da sind mer a gleich ufbrochen, und hen die Kerls zwischen den Bergen antroffen; s'Schulzen Sohn von Reichenthal hat uns gegen den Feind g'führt, da hat er denn g'sagt: jetzt geht ihr um's Bucheneckli rum, und fallt ihnen in d'Flanken, und die ander Partie nimmt se uf der andern Seite in die Mitt', und da hen mers so g'macht, und hen, was wir net niederg'macht hen, g'fangen g'nommen, und sechszehn Kanonen darzu; da hen mer denn ziemlich Beut g'macht. Glaub mir nur, wenn uns s'Schulzen Sohn anführt, so peitschen wir d'Franzosen allemal; wenn wir schon net viel G'wehr hen, und unsre Waffen meist Heugabeln, Sensen, Spies, Mistgabeln und Hackbeuler sind, so sagen doch d'Kaiserliche, es sollen uns noch mehr Flinten ausgetheilt werden. Wie wir d'Franzosen hen überwunden g'habt, so seh' t ei'm G'fangenen so recht in's G'sicht, und wer glaubst, daß es g'wesen ist? der nemliche, der meiner Frau s'Geld in der Küche ausgraben hat; da nehm i ihn von vornen und hinten, und sag: „Spitzbub, hast du meiner Frau s'Geld g'nommen?"

„J

"I nix gripp, I nix gripp," sagte er. Ja Spitzbub, du hast grippt! komm, i will sehen, ob du's noch hast. Druf visitir i ihn aus, und find mein Uhr, und drei und zwanzig goldene Luisdor, und zwei Kronenthaler. Wie i das g'habt hab, hat ers g'standen, und i hab ihn gehn lassen.

s'Ist noch net lang, geh i in Wald, um Holz zu holen, da seh' i einen reiten, und wie i ihn näher betracht hab, ist's e Franzos g'wesen; da vertrett i ihm den Weg, nehm s'Pferd beim Zaum, und sag mit aufgehobenem Beil: Changé, Musjé! da ist der Franzos so höflich g'west, und ist vom Pferd abg'stiegen, und hat mir sein Geld geben. Da hab i mich ufs Pferd g'setzt, und hab statt Holz, e Franzosen und e Beutel voll Geld heim bracht, und s'Pferd hab i a b'halten dörfen; den Franzosen hab i uf d'Kaiserliche Wacht abgeben, wo er alsdenn weiter transportirt worden ist. Von uns Bauren mögen d'Franzosen net transportirt seyn; denn steh e mal, wenn mer so e Hallunken kriegt, der einen b'stohlen hat, der kriegt mehr Schläg als Brod, und das erfahren die andere, und da bitten sie als bey'm kaiserlichen Rittmeister, er möcht sie doch von seine Leut transportiren lassen.

D'Franzosen fürchten sich vor uns mehr, als vor den Kaiserlichen; und die Strasburger, die uns

uns hen angreiffen sollen, hen g'sagt: gegen Bauren mögen wir kein Krieg führen. Druf hen se aber doch en Ausfall von Kehl uf uns g'macht, da hen wir uns bis an Wald zurückzogen, und da hen se g'meint, se dörfen nur so nein laufen; aber da sind kaiserliche Batterien g'wesen, und wie se sind so recht ang'loffen g'wesen, da hen d'Kaiserliche mit Kartätschen unter se g'feuert, poz Blitz, da sind se g'fallen, wie die Spatzen aus der Luft. Bei der Schlacht sind über fünfhundert Franzosen blieben, und e paar hundert sind g'fangen worden.

Jezt wollen d'Franzosen den Wald wegbrennen! Ha ha, das werden se bleiben lassen! die dumme Kerl müssen net wissen, daß im Spätjahr die Bäum net brennen. Ja, wollts noch eher glauben, wenns e Forlewald wär, im Frühjahr.

Wenn i das Ding überleg', was wir schon erlebt hen, so kommt mirs als vor, wie e Traum; wer hätt uns das sagen sollen, wie wir noch als Buben einander rumprügelt hen, daß einer oder der ander mit der Zeit gegen d'Franzosen Krieg führen würd'.

Und wenn i dran denk, wie sich s'Blättle g'wendt het mit den Franzosen: sonst die Zeit her hen d'Kaiserliche im Sommer allzeit g'wonnen, und wenns gegen den Winter gangen ist, so

sind

sind d'Franzosen, durch allerhand Ränk' und
Schwänk', wieder Meister über d'Kaiserliche worden; jetzt aber ists grab umkehrt: den Sommer
hen d'Franzosen überall g'wonnen, und jetzt gehts
em Winter zu, und nun g'winnen d'Kaiserliche
überall, und da hab i halt denkt: e Sprichwort
ist e wahr Wort:

  Ende gut, alles gut.

 Und bei mei'm Brief denk i jetzt a, daß es just
gut wär, wenn i aufhören thät, denn jetzt wais
i gar nichts mehr, und wenn i nichts mehr wais,
so gibts lauter dummes Zeug, wenn i noch mehr
schreiben wollt. Also adies.

      Dein
    aufrichtiger Seppel.

An den Herrn Pfarrer zu J.... lingen.

     Carlsruhe.

 Nun, theuerster Herr Schwager! jetzt dörfen wir
viel hoffen, da der durch seine Heldenthaten und
Menschenliebe berühmte Erzherzog Carl selbst die
Operationen am Oberrhein leitet.

 Vergangene Woche hatten wir das Glück, diesen großen Fürsten in unsrer Stadt über Nacht
zu beherbergen. Er kam von Graben herauf durch

den Hardwald hieher, und stieg vor dem Portal des fürstlichen Schlosses ab, wo er mit einem allgemeinen: Es lebe Prinz Carl! dem ein dreimaliges Vivat-Rufen folgte, von den hießigen Innwohnern empfangen wurde.

Ich kann Ihnen das Gefühl, das beym Anblick dieses Helden in mir aufstieg, nicht beschreiben; nur so viel kann ich Ihnen sagen, daß es das nemliche war, das mich bei dem Andenken jenes Herrmanns ergriff, der Deutschland von der Römer Fesseln befreite.

Mittags war öffentliche Tafel im Schlosse; Abends aber speiste unser Held auf seinem Zimmer, und arbeitete mit seinen wackern Generalen.

Man glaubte, es würde eine allgemeine Illumination geben; aber die kurze Zeit mochte wohl die Ursache gewesen seyn, daß dieses nicht zu Stande kam. Nur ein Haus war beleuchtet. Auf einer Terrasse vor dem Hause war ein Altar errichtet, auf welchem geopfert wurde. In einem Oval des Transparent, am untern Theil des Altars angebracht, war folgende Innschrift zu lesen:

Sey uns gegrüßt in unsern Mauren,
Edler Mann!
Du hast uns befreyet vom Joche
Der Zügellosen.
Du hast zerrissen die eiserne Bande,
Unter deren Last Deutschlands Bewohner schwer
seufzten.

Carln, dem Vaterlands-Retter, danken wir
Was unsre Väter Herrmannen verdankten!

Den andern Morgen reiste Er mit seinem sehr zahlreichen Gefolge, von den Segenswünschen der hiesigen Einwohner begleitet, in die Gegend von Kehl ab.

Auch im Elsaß machen die Oestreicher große Bewegungen. Landau ist bloquirt, und Patrouillen von mehreren hundert Mann, streifen über Weissenburg hinaus, und bringen Geiseln und militärische Effecten in Menge herüber. Dabei halten sie aber die strengste Mannszucht, welche ihnen überall den Weg bahnt.

Eine Anekdote, die sich in unsrer Gegend zugetragen hat, muß ich noch nachtragen.

Nachdem die Franzosen schon acht Tage aus unsrer Gegend vertrieben worden waren, war bei einem Privatmanne noch ein französischer Commissaire derversteckt, der ein sehr artiger Mann gewesen seyn soll, und sich vor seinen Brüdern auf eine für ihn vortheilhafte Weise ausgezeichnet hat; da er nicht die Rolle eines Blutigels spielte, sondern einsah, daß die Deutschen auch Menschen wären, so fand er bei gedachtem Privatmanne ein Obdach, bis er gelegenheitlich in seine Heimath zurückkehren könnte.

Einige Bauern kamen sehr oft in das Haus; der Wirth machte den einen zu seinem Vertrauten, um ihn in der Stille über den Rhein zu setzen.

Der in den geheimen Plan gezogene Landmann versprach alles, hatte aber einen Groll gegen alle Franzosen, und machte, während der Unterhandlung, ein Supplement zum geheimen Plan.

Der Commissaire fuhr unter dem Schuz des Bauren nach dem Rhein ab; im Wald aber waren schon eine Parthie Bauren bereit, die den Commissaire auf eine ihm nicht angenehme Art in Empfang nahmen.

Sie schlugen den — vielleicht unschuldigen — Commissaire, bis sie glaubten, er sey todt, und liessen ihn liegen.

Der Commissaire schien wirklich todt zu seyn, erstand aber nach einigen Stunden wieder, und kehrte geplündert zu seinem Wirth zurück, bei welchem er sogleich in eine heftige Krankheit verfiel.

Der

Der Bauer, welcher den Auftrag zum Transport hatte, kam den andern Tag, um die versprochene Belohnung zu holen. „Wie ist denn der „Commissaire übern Rhein gekommen?" redete ihn der Wirth an.

Der Bauer. Recht gut.

Der Wirth. Ihr seyd wohl selbsten mit übergefahren?

Der Bauer. Ich bin nicht mit übern Rhein; ich hab aber gesehen, wie er am andern Ufer glücklich ankommen ist; denn ich hab gedacht, wenn ich mit fahr, möcht ich nicht wieder kommen.

„Nun, wenn das ist, so ists gut," sagte der Wirth, und zählte dem Bauren die versprochene Belohnung auf den Tisch, der dieselbe auch mit Freuden einstrich.

Der Wirth glaubte recht vorsichtig zu handeln, wenn er keinen Verdacht gegen seinen Vertrauten äußerte, um wenigstens für seinen Patienten, wenn er wieder genesen seyn würde, einen neuen Weg zur Flucht einschlagen zu können, bevor die Sache den Oestreichern überbracht werden konnte.

Aber der gute Mann hatte sich geirrt; der Bauer war, ehe er das Haus verließ, von der Magd — einem Mädchen aus seinem Dorfe — von dem ganzen Vorfalle berichtet.

und — den Tag darauf wurde der Commissaire von einer östreichischen Wache abgeholt.

Der Gott der Deutschen gebe der gerechten Sache Glück, und vertilge das jezt noch in Deutschland stehende fremde Unkraut!! Wie immer

Ihr

ergebener Schwager.

Seppel an Jockel.

s'Geht immer besser, Jockel! Jezt werden wir erst recht unterstüzt, seit der Erzherzog Carl bei uns ist. Der Herr hat e grosse Freud an uns: er hat uns schon viel Flinten geben lassen, daß wir d'Franzosen mit todtschiessen können; wir versehn die Rheinpiketer bis Au: des sehen aber die Durlacher net gern, daß sie sollen fremde Leut zu ihrer Bewachung haben. Aber s'kann doch net anderst seyn: so lang se net selber Dienst thun, so lang müssen wir dableiben, damit d'Franzosen net rüber können. Die Baademer Bauren sagen, sie können a Piketer ausstellen, und sich gegen d'Franzosen stellen, und mer soll ihnen a die Freud lassen, daß se sich an den Franzosen rächen können, denn se seyen a geplündert worden, wie wir, folglich hätten se a e Recht, uf d'Franzosen zu schies-

schießen, wie wir, und da denk i, mer könnts ihnen net verwehren; aber s'will doch net recht bei ihnen gehn, was Schuld dran ist, waiß i net; aber soviel waiß i, daß es der Erzherzog Carl gern sehen thät, wenn se alle ufstehn thäten. Und da denk i, was der Herr gern sieht, g'schieht doch. —

I hab den Herr Erzherzog g'sehen; des ist gar e brafer Herr; er sieht unsereins so freundlich an, und ist so gut gegen d'Bauren g'sinnt, daß i dir gar net sagen kann; aber wir thäten a Leib und Leben für ihn lassen, wenn d'Noth an Mann gieng.

Unser Herr Schulmeister — du kennst ihn ja — e gar stattlicher Mann, hat e Liedle für uns Bauren g'macht. Oh s'ist e gar e schöns Liedle, das mir viel besser g'fällt, als der Franzosen ihre, die se uns immer vorg'leyert hen. Jezt will i machen, daß es alle Bauren zu lesen kriegen, damit mers als singen können. Wenns gut geht, so hat mir der Herr Schulmeister versprochen, er woll mit der Zeit noch mehr machen. Leb wohl!

Dein
Seppel.

Jezt kommt s'Liedle:

Lied

Lied der deutschen Bauern,
nachdem sie die Franzosen vertrieben hatten.

* * *

Jubelt Bauren, singet Brüder,
Denn ihr thatet euch hervor!
Singet frohe Heldenlieder,
Stimmet ein ins frohe Chor:
    Ja, wir haben uns gerächt
    An dem teuflischen Geschlecht!

* * *

Ja, wir nehmen sie gefangen,
Nehmen ihnen Beute ab:
Unsre Speere, Spieß und Stangen
Sind nun des Franzosen Grab:
    Mancher Franke biß ins Gras,
    Den des Bauren Sense fraß!

* * *

Nicht mehr wollen sie schanschiren;
Jetzo kehrt der Stiel sich um;
Unsre Frohndewagen führen
Sie nicht mehr im Land herum.
    Wir sind Meister, — sie sind Knecht;
    Herrlich sind wir nun gerächt.

* * *

Wo wir nur die Räuber finden,
Da ist ihr Verderben nah;
Unsre Sensen, unsre Flinten
Floh noch keiner, der sie sah:
  Tod ist unser Feldgeschrey —
  Tapfre Brüder, eilt herbei!

* * *

Auf, durchstreichet alle Wälder,
Suchet das Gesindel auf:
Auf, durchstreichet alle Felder,
Opfert wie das Vieh sie auf:
  Denn sie haben uns berückt,
  Und geplündert und gedrückt!

* * *

Plündert ihr nun die Franzosen,
Nehmet ihnen Geld und Uhr,
Rock und West — sogar die Hosen,
Ihnen laßt das Hemde nur,
  Denn sie haben uns voran,
  Wie wir ihnen thun, gethan.

* * *

Aus ist das Tyrannisiren.
Nichts mehr: Buger Allemand;

Und — den Tag darauf wurde der Commiſſaire von einer öſtreichiſchen Wache abgeholt.

Der Gott der Deutſchen gebe der gerechten Sache Glück, und vertilge das jetzt noch in Deutſchland ſtehende fremde Unkraut!! Wie immer

Ihr

ergebener Schwager.

Seppel an Jockel.

s'Geht immer beſſer, Jockel! Jetzt werden wir erſt recht unterſtützt, ſeit der Erzherzog Carl bei uns iſt. Der Herr hat e groſſe Freud an uns: er hat uns ſchon viel Flinten geben laſſen, daß wir d'Franzoſen mit todtſchieſſen können; wir verſehn die Rheinpiketer bis Au: des ſehen aber die Durlacher net gern, daß ſie ſollen fremde Leut zu ihrer Bewachung haben. Aber s'kann doch net anderſt ſeyn: ſo lang ſe net ſelber Dienſt thun, ſo lang müſſen wir dableiben, damit d'Franzoſen net rüber können. Die Baademer Bauren ſagen, ſie können a Piketer ausſtellen, und ſich gegen d'Franzoſen ſtellen, und mer ſoll ihnen a die Freud laſſen, daß ſe ſich an den Franzoſen rächen können, denn ſe ſeyen a geplündert worden, wie wir, folglich hätten ſe a e Recht, uf d'Franzoſen zu ſchieſ-